はじめて学ぶ
乳児保育

第四版

［編著者］志村聡子

［著者］塩崎美穂・藤枝充子・渡邊美智子・坂田知子
柳井郁子・小栁康子・宇都弘美

同文書院

Authors

執筆者紹介

【編著者】

志村　聡子（しむら・あきこ）
　　立正大学教授

〈Part 1〉Lesson01～03，05～06，
〈Part 2〉Lesson11
〈Part 3〉Lesson01，03～04
Column02，06，08，09，Album01～04
ワークシート①～⑦

【著者】　※執筆順

塩崎　美穂（しおざき・みほ）
　　東洋英和女学院大学教授

〈Part 1〉Lesson12
〈Part 2〉Lesson12
Column01，05，ワークシート⑧

藤枝　充子（ふじえだ・みつこ）
　　明星大学教授

〈Part 1〉Lesson04，07

渡邊　美智子（わたなべ・みちこ）
　　元・近畿大学九州短期大学准教授

〈Part 1〉Lesson08～09，13～14
Column03

坂田　知子（さかた・ともこ）
　　埼玉学園大学教授

〈Part 1〉Lesson10～11
〈Part 3〉Lesson02
Column04

柳井　郁子（やない・いくこ）
　　洗足こども短期大学教授

Column07

小柳　康子（こやなぎ・やすこ）
　　福岡大学教授

〈Part 2〉Lesson01～04，09

宇都　弘美（うと・ひろみ）
　　鹿児島女子短期大学教授

〈Part 2〉Lesson05～08，10

Introduction

まえがき――第四版によせて

　本書は，保育士を目指している方々を念頭においてつくられた，乳児保育について学ぶためのテキストです。乳児期の子どもたちの保育を担当するために知っておくべき内容を厳選するとともに，レイアウトやイラストを工夫して，よりわかりやすく伝えることをめざしました。読み手に初学者を想定し，難解な語句を避けるように配慮したことも大きな特徴のひとつです。

　本書は，「理論編」「実践編」「アイディア集」「ワークシート」の各部分から構成され，1つひとつのテーマが簡潔にまとめられています。少し息抜きになるような「コラム」もあります。どこからでも読み進められますので，気軽に手にとって，すみずみまで活用してください。「ワークシート」には，書いて覚える穴埋め課題と，連絡帳を書く模擬体験ができる課題とが含まれています。「ワークシート」は，授業担当の先生の指示に基づいて提出するなどの活用方法もあるでしょう。

　「乳児」は，児童福祉法において「満1歳に満たない者」と定義され，一般的にもいわゆる0歳児のことを指しているようです。ですが，本書では，0歳児のみならず，1歳児と2歳児についても視野に入れて内容を構成しました。つまり，3歳未満児を「乳児」としてとらえ，その保育に求められる知識や技術を盛り込みました。こうした背景もあって，本書では，状況に応じて「赤ちゃん」「乳児」「子ども」が混在して使われています。

　乳児保育が行われる場所は保育所だけでなく，認定こども園や小規模保育施設，事業所内保育施設など多岐にわたりますが，本書で「保育所」と示している場合，乳児を受け入れて保育するすべての場所を想定しています。また，保育所で保育を行う職員は保育士，幼保連携型認定こども園で保育を行う職員は保育教諭ですが，本書では原則として「保育者」を用い，保育士や保育教諭も含んだ立場としています。

　本書が出版されてから，全国の多数の保育者養成校においてテキストとして採択していただき，多くのご担当の先生方や学生の皆さんが本書を活用してくださいました。心から感謝申し上げます。

　今回の第四版改訂では，関連の法律についての加筆修正を行い，安全管理の項で内容を充実させました。改訂の都度，各項の統計情報等について更新を行っていることは言うまでもありません。著者の先生方のお力添えに，感謝申し上げます。

　小さな子どもたちの育ちを支えるために，本書が学生の皆さんの学びの一助となるよう願っています。

　（株）同文書院の五十地佳之さん，石井智子さんをはじめ，本書のためにご協力くださいましたすべての皆さまに，心から御礼申し上げます。

令和7年2月1日

編著者　志村 聡子

Contents
もくじ

まえがき

〈Part 1　理論編〉

Lesson01　乳児保育はなぜ必要か──社会的背景から考える　2
01：保護者の就労を支える乳児保育 …………………………………………… 2
02：保護者の子育てを支える乳児保育 ………………………………………… 4

Lesson02　乳児保育の歴史と現状　6
01：乳児保育の歴史 …………………………………………………………… 6
02：乳児保育の現状と課題 …………………………………………………… 8

◆Column01　乳児院とは──乳児が暮らす福祉施設の現状　14
◆Column02　認定こども園とは　16
◆Album01　　せんせい，だいすき　21

Lesson03　知っておきたい法律のいろいろ──児童福祉法，こども基本法など　22
01：児童福祉法について知る …………………………………………………22
02：児童福祉施設の設備及び運営に関する基準とは ………………………24
03：こども基本法とは …………………………………………………………27
04：労働基準法が示す女性への配慮 …………………………………………29
05：育児・介護休業法について知る …………………………………………30

Lesson04　『保育所保育指針』とは　32
01：『保育所保育指針』の目的 ………………………………………………32
02：『保育所保育指針』（第4次改定）の方向性と3歳以上児の保育の内容の共有化 …………33
03：『保育所保育指針』で押さえておきたい内容 …………………………36

Lesson05　『保育所保育指針』における乳児保育のポイント①　42
01：改定された保育所保育指針 ………………………………………………42
02：指針にみる保育所の役割 …………………………………………………44
03：「第2章　保育の内容」における「ねらい」と「内容」…………………44
04：求められる「個別的な計画」……………………………………………46

Lesson06 『保育所保育指針』における乳児保育のポイント② 48

01：保育の「ねらい及び内容」の示し方ー「視点」と「領域」 ………………………48

02：保育の「ねらい及び内容」を年齢別にとらえる① ………………………………49

03：保育の「ねらい及び内容」を年齢別にとらえる② ………………………………50

04：さまざまな意味が混然一体となっている子どもの生活 …………………………52

05：まとめにかえて一大切にしたい「養護」………………………………………54

◆Album02　せんせい，あそぼうよ 56

Lesson07 人生の基礎としての乳児期──ポルトマンの考え方に学ぶ 58

01：高等哺乳類の新生児──「巣立つもの」と「巣に座っているもの」……………59

02：「生理的早産」とは──直立姿勢，言語，洞察力ある行為 ………………………60

03：「生理的早産」であることの意味 …………………………………………………60

04：「生理的早産」から学ぶこと ………………………………………………………61

Lesson08 乳児のこころの発達──身近な人との絆を育む過程 62

01：能動的存在である赤ちゃん …………………………………………………………62

02：子どもの「人見知り」………………………………………………………………63

03：不思議な子どものこころ …………………………………………………………65

Lesson09 乳児のことばの発達──思いを伝え合う手段を得る過程 68

01：ことばの発達の道筋 …………………………………………………………………68

02：ことばの発達に必要な力 …………………………………………………………70

03：ことばを育てよう …………………………………………………………………72

◆Column03　人と関わる楽しさを伝える「おもちゃ」 74

Lesson10 乳児のからだ──からだの発育と運動機能の発達 76

01：からだの成長 ………………………………………………………………………76

02：運動能力の発達 ……………………………………………………………………80

◆Column04　乳児の睡眠について 84

Lesson11 乳児保育における複数担任制──保育者同士の連携のあり方 86

01：乳児保育における複数担任制 ……………………………………………………86

02：保育者同士の「同僚性」を高める …………………………………………………89

Lesson12　保育所で過ごす１日の流れ──年齢別デイリープログラム（日課表）　92
　　　01：保育所の１日 ……………………………………………………………… 92
　　　02：保育の計画を立てる ……………………………………………………… 93
　　　03：０歳児クラスのデイリープログラム …………………………………… 94
　　　04：１歳児クラスのデイリープログラム …………………………………… 96
　　　05：２歳児クラスのデイリープログラム …………………………………… 98
　　　06：デイリープログラムの理解に向けて …………………………………… 100
　　　07：感染対策について ………………………………………………………… 100
　　　08：計画や記録におけるICTの活用 ………………………………………… 101

◆Album03　おにわであそぼう　103
◆Column05　乳児保育担当保育者にお話を聞きました　104

Lesson13　保護者との連携を考えよう──乳児をとりまく協力関係をめざして　106
　　　01：ことばの壁の解決 ………………………………………………………… 106
　　　02：虐待の発見と対応 ………………………………………………………… 107
　　　03：保護者に寄り添う ………………………………………………………… 110

◆Album04　おさんぽたのしいな　113
◆Column06　宗教について考える──保護者との信頼関係のために　114

Lesson14　発達の遅れとむき合う──保護者を支える　116
　　　01：発達の遅れに気づく ……………………………………………………… 116
　　　02：保育者からの発信のしかた ……………………………………………… 116
　　　03：保護者を支える …………………………………………………………… 117

◆Column07　育休明けママの子育て日記　120

〈Part 2　実践編〉

Lesson01　だっこのしかた・おんぶのしかた──乳児とのふれ合いの基本を学ぶ　128
　　　01：よこ抱きの方法 …………………………………………………………… 128
　　　02：たて抱きの方法 …………………………………………………………… 129
　　　03：おんぶの方法 ……………………………………………………………… 130

Lesson02　乳児の衣服の基礎知識──衣服の特徴と扱いを知る　132
　　　01：衣服の選び方 ……………………………………………………………… 132

Lesson03　衣服の着せ方・脱がせ方──着替えの配慮のポイントを学ぶ　134
01：あおむけの姿勢での着替え ……………………………………………………134
02：座った姿勢での着替え …………………………………………………………135

Lesson04　おむつ替えと「おむつはずれ」　138
01：おむつ替え ………………………………………………………………………138
02：「おむつはずれ」のために ……………………………………………………141

Lesson05　授乳のしかたとその準備──人工乳・冷凍母乳の扱いを学ぶ　142
01：調乳の方法 ………………………………………………………………………142
02：冷凍母乳の取り扱い ……………………………………………………………143
03：授乳のしかた ……………………………………………………………………144

Lesson06　離乳食の基礎知識──離乳に向けた食事の進め方を知る　146
01：離乳について ……………………………………………………………………146
02：離乳食の介助 ……………………………………………………………………148
03：食物アレルギーへの対応 ………………………………………………………150

Lesson07　沐浴のしかた・清拭のしかた──乳児のからだを清潔に保つために　152
01：沐浴の方法 ………………………………………………………………………152
02：清拭の方法 ………………………………………………………………………155

Lesson08　保育環境の衛生管理──子どもの生活の場を清潔に保つために　156
01：保育室内外の衛生 ………………………………………………………………156
02：子どもたちの私物の清潔 ………………………………………………………157

Lesson09　かみつき・ひっかきへの対応──トラブルの背景と保護者との連携について　158
01：かみつき，ひっかきなどのトラブルへの対応 ………………………………158

Lesson10　乳児保育における安全管理①──乳児期特有の病気とくすりの扱いを学ぶ　160
01：乳幼児突然死症候群（SIDS） …………………………………………………160
02：乳幼児揺さぶられ症候群（SBS） ………………………………………………161
03：保育所におけるくすりの扱い …………………………………………………162

Lesson11　乳児保育における安全管理②──乳児を事件・事故から守る方法を知る　164
01：日常生活における危険 …………………………………………………164
02：人数確認による子どもの把握 …………………………………………168
03：不審者の侵入を防止する …………………………………………………172

Lesson12　連絡帳の書き方──子どもの育ちを保護者とわかち合う　174
01：守秘義務という保育者の専門性 ………………………………………174
02：信頼関係の構築に向けて …………………………………………………176
03：連絡帳を書いてみよう ……………………………………………………176

◆Column08　新型コロナウイルス感染症と求められる対応　178

〈Part 3　アイディア集〉

Lesson01　遊びのアイディアと歌遊び──乳児の笑顔を引き出すために　184
01：「いない　いない　ばあ」をアレンジ ………………………………184
02：歌って遊ぼう　わらべうた ……………………………………………185
03：みんなで歌って楽しもう ………………………………………………187

Lesson02　ふれ合い体操──乳児との絆を深めるために　190

Lesson03　おすすめ絵本──乳児の創造力を育むために　196

◆Column09　絵本と出会う「ブックスタート運動」　198

Lesson04　おすすめ乳児保育関連グッズ──あると安心・便利なすぐれもの　200

さくいん　203

〈巻末付録〉

・ワークシート①：児童福祉法／児童福祉施設の設備及び運営に関する基準／労働基準法／育児・介護休業法
・ワークシート②～⑦：保育所保育指針　第2章　保育の内容
・ワークシート⑧：連絡帳を書いてみよう

※本書に掲載したURLはすべて2025年1月31日に閲覧したものです。

Part 1
理論編

Lesson 01 乳児保育はなぜ必要か
——社会的背景から考える

　乳児保育は誰に必要とされているのでしょう？　乳児保育と聞くと，まず，かわいい赤ちゃんの姿を思い浮かべるかもしれません。でも，赤ちゃんにむき合う前に，赤ちゃんにもっとも近い存在である保護者について考え，乳児保育が求められる背景をとらえていきましょう。

01 | 保護者の就労を支える乳児保育

❖子どもを産んだ女性も仕事を続ける

　赤ちゃんを授かったと知ったとき，女性はパートナーとその喜びをわかち合います。そして2人が考えるのは，赤ちゃんを育てる環境についてです。女性が職業を持って働いている場合，仕事を続けるか，職場でどれだけ休みがとれるかなどについて，考えることになります。パートナーである男性が育児休業をとれるかどうか，調べてみることもあるでしょう。さらに，近所に乳児保育を行っている保育所があるかどうか，調べてみたりします。その乳児保育の日常を見学させてもらい，生まれてくるわが子を預けるのにふさわしい環境かどうか確かめることもするでしょう。

　近年，男女共同参画[1]の考え方が広がり，結婚して子どもを産んでも仕事を続けたいと考える女性が増えてきました。そうした女性たちの生き方に呼応して，赤ちゃんを預かって保育をする営みが求められることになりました。つまり，乳児保育が求められる社会的な背景には，女性たちが子どもを産んでも仕事を続けたいと考える意欲の高まりがあります。

❖労働力率が示す女性のライフスタイル

　「M字型曲線」あるいは「M字型カーブ」ということばを聞いたことがあるでしょうか。それは，日本女性の労働力率[2]を示したグラフのことで，その形からそう呼ばれてきました。グラフの形が，20代女性の労働力率が高くなったあと，30代女性では落ち込み，その後40代女性では再び高くなっていました。これは，30代女性が子どもを産んだあとに仕事を辞めて家事・育児に専念し，子どもがある程度成長してから40代で再び仕事復帰するというライフスタイルを象徴してい

1）性別にとらわれず，男女が能力と個性を発揮できる社会をめざし，1999（平成11）年に男女共同参画社会基本法が制定された。この法律を基盤として，男女が平等に活動するための取り組みがめざされている。

2）人口に対する労働力人口の比率であり，労働力人口÷人口×100として算出する。男女別，年齢別など，統計の取り方によって対象のライフスタイルをとらえる指標ともなる。

ました。年々徐々に，M字のくぼみが浅くなってきています。一方，男性は年齢で働き方が変わることがなく，その傾向は変わることがありません（図1－1）。

M字のくぼみが浅くなった理由は，結婚せず子どもを産まない生き方を選択する人々が増えたこと，子どもを産んだ後も働き続けたい女性が増えたことが考えられます。しかし，女性の正規雇用比率は25〜29歳をピークに低下し，L字カーブを描くことが明らかになっています（図1－2）。働く女性を取り巻く雇用状況の課題が懸念されます。

出産した女性が仕事を続けるためには，安心して赤ちゃんを預けることのできる保育所が必要です。安心してわが子を託すためには，質の高い乳児保育が実現されなくてはなりません。乳児保育は，保育者と赤ちゃんの関係に終わらない，社会的な役割を担っています。

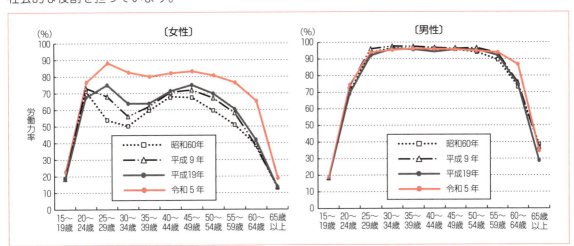

図1－1　日本の男女年齢別労働力人口比率
出典）総務省統計局『労働力調査』（一部，厚生労働省資料参照）より作成

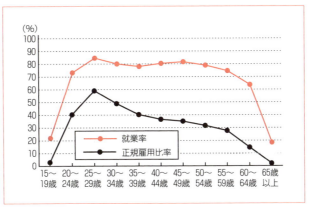

図1－2　女性の年齢階級別正規雇用比率（令和5（2023）年）
出典）内閣府『令和6年版 男女共同参画白書』p.125

02 | 保護者の子育てを支える乳児保育

❖「3歳児神話」とは

　以前，多くの女性が出産を理由に職業を辞めざるを得ない時代がありました。乳児保育を担う保育所がごく少数しか存在しなかったことに加えて，女性たちには「せめてこの子が3歳になるまでは，子育てに専念しよう」という思いがあったようです。そうした思いの背景には，「子どもが3歳になるくらいまでは，子どもは母親と過ごして母子の絆を深めることが不可欠であり，他人に預けられることがあれば，のちの子どもの発達において問題が起こる」という考え方があったことが知られています。しかし，最近の研究において，赤ちゃんは，主要な養育者である母親だけでなく，父親や祖父母，保育者などのほかの養育者との関係を築く柔軟性を持っていることがわかってきました。さらに，母子関係を絶対視する考え方が，母親に心理的な圧力をもたらしていることも問題視されるようになりました。そして今日では，「3歳までは母の手で育てなければ」という考え方には科学的根拠がないとして，それを「3歳児神話」と呼んで，問い直されてきています。

❖母だけに負担を求めない

　0・1・2歳の時期が，人生の基礎を築く重要な時期であることは間違いないでしょう。だからこそ，母親だけに負担を強いて母子を孤立させることのないよう，周囲が支援していかなくてはなりません。母子関係に過重な期待をすることは，かえって母子関係を損なうことになりかねません。父親がともに子育てを担うことによって，その妻である母は子育ての負担感から解放され，子どもは母と異なる個性と出会うことができます。こうして，母子関係と父子関係は関わりながら互いに豊かになります。祖母と子どもの関係，祖父と子どもの関係，保育者と子どもの関係など，多様な関係が重なり合うなかで，子どもは成長を遂げていきます。

❖働くことと子育てのバランス

　子どもを育てるなかで大変なことはあるけれど，その小さな存在によって人生が潤うことは間違いありません。ただ，子どもが生まれて間もないということは，親もまた，その子どもの親になったばかりだということです。しかも，働くことと子育てのバランスをとることはむずかしいことであり，わが子の思いに応じきれない保護者もいるようです。

　近ごろ，ワーク・ライフ・バランス[3]といって，「仕事と生活の調和」が叫ばれるようになりました。労働に過度に比重をおくことは，健康も家族関係も損ねることになるからです。保育者は，子どもの育つ姿をともに喜んだり，子どもについての悩みを聞いたりして，親が親であることを支える役割を担います。保護者を支援する前提として，日ごろから信頼関係を築く努力は欠かせません。

❖乳児保育とは

　乳児保育を担う保育者の役割は，乳児期の子どもの育ちを支え，かつ，保護者を支えることです。保護者への援助について具体的にとらえるなら，保護者の就労を支えるとともに，その子育てを支えることが期待されています。近年，保育者が果たすべき役割についての期待はますます大きくなってきています。仕事に就いてからも研修を通して学び続け，社会の要請に応えるため，つねに向上する保育者であることが求められています。

【参考文献】　・遠藤利彦『赤ちゃんの発達とアタッチメント－乳児保育で大切にしたいこと』ひとなる書房，2017
　　　　　　　・高橋惠子『絆の構造 依存と自立の心理学』講談社（講談社現代新書），2013

3）「仕事と生活の調和」の意。労働における充実だけでなく，家事や育児，近隣とのつき合いなど，家庭生活の充実もまた重要であるとして，2007（平成19）年12月18日，「仕事と生活の調和（ワーク・ライフ・バランス）憲章」「仕事と生活の調和推進のための行動指針」が決定された。その実現に向けた方策が求められている。

Lesson 02 乳児保育の歴史と現状

　乳児保育の場は，いつの時代から設けられているのでしょう。そして，現在，どのくらいの割合で，乳児保育の場は利用されているのでしょう。乳児保育の歴史と現状について学び，乳児保育への理解を深めましょう。

01 | 乳児保育の歴史

❖近世社会（江戸時代）における乳児の養育

　いつの時代も，人間の乳児は無力で，周囲の大人の手厚い関わりがなければ，命をつなぐことができません[1]。一方，母親に目を転じると，出産にはリスクが伴うため，母親が出産後に命を落としたり，体調を崩したりすることは珍しくありませんでした。母体から生まれ落ちて後，乳児は母から乳をもらって成長しますが，母が亡くなってしまったり，母のお乳が出なかったりするなどの状況では，乳児は母以外の人からお乳をもらって育ちました。今日のように粉ミルクなどの代替乳がなかった時代，地域のネットワークの中で「もらい乳」がなされたり，豊かな階層の場合は乳母を雇ったりしました。乳児はまさに乳をもらって育つ存在ですが，その授乳は実母によるとは限らなかったのです。

　乳児がやがてよちよち歩きできるような時期になると，きょうだいである子どもが背負って子守をしたり，高齢の家族が子守をしたりしました。状況によっては，やむなく乳幼児を家中に残し，大人たちは仕事に専念する場合もありました。感染症や事故で乳児が命を落とすことは多く，乳児が成人するまで成長することは奇跡のような時代だったと言えるでしょう。

❖近代（明治期〜戦前戦中）にみる乳児保育

　江戸時代が終わり，明治政府が新しい政治体制を築く過程で，1872（明治5）年に学制が発布され，各地に小学校が設立されました。小学校に就学することの意味が人々に理解されなかったため，就学率は低く，就学率を上げる方策が検討されました。農村で乳幼児の子守をしていた子どもたちにも小学校に通うことが期待され，乳幼児を連れて学校に通うことを許容する小学校も現れました。それは子守学級あるいは子守学校と呼ばれ，小学校の一画で乳幼児を子守する子ども

1)「Lesson07 人生の基礎としての乳児期―ポルトマンの考え方に学ぶ」を参照のこと。

Lesson02 ●乳児保育の歴史と現状

と授業を受ける子どもとに分かれて，順次授業を受けられるようになっていました。小学校に通うべき子どものために行われた取り組みでしたが，わが国における保育所の始まりと言えます。その後就学率が上がり，子守学級・子守学校が設けられなくなると，乳幼児は，大人の作業に同行するか住まいに一人残されました。こうして，乳幼児の保育の必要性が見出されていきました。

　農村から都市に人々が移動し，都市がめざましく発展する一方で，都市の一画には経済的に困窮する人々が暮らすスラム街ができました。工場には，そこで就労する貧しい母親の子どもを預かる保育所（託児所）が設置される例もありました。1921（大正10）年，公立の乳児保育の場である大阪市立乳児院が設立しました。しかし，乳児保育を担う場の設置は限定的でした。

　都市の貧しい人々の間に生まれる乳児の死亡率は極めて高かったので，以降，母親たちに衛生的知識を伝えるなどの支援が始まりました。乳児の死亡率が算出され，「母乳」で育つ乳児の方が，「人工乳」で育つ乳児に比して，死亡率は低いとされました。「人工乳」の授乳には，希釈する水や授乳用の容器を消毒することが必須ですが，手続きが難しかったため，「母乳」の重要性が強調されました。大正期の育児書では，まだ乳母を雇う選択肢も挙げられ，そこでは「人乳」（「人工乳」ではなく，人の乳のこと）という言葉が使われていましたが，やがて「人乳」は死語となり，実の母による授乳を意味する「母乳」という用語に置き換わっていきました。あわせて，母の役割も強調されるようになりました。

　農村では，農繁期に有志により保育所（託児所）が設けられるなどの取り組みがされるようになりましたが，時期を限定する形でした。乳児保育が積極的に取り組まれたとは言えませんでした。

❖戦後における乳児保育の展開

　第二次世界大戦（1939～1945年）の敗戦を経て日本が戦後改革を図るなか，1947（昭和22）年に児童福祉法が制定されました。児童福祉法において，保育所は児童福祉施設のひとつとして位置づけられました。保育所はすべての児童を対象に開設されると期待されましたが，保育所の設置が遅れ，1951（昭和26）年に「保育に欠ける」乳幼児を対象とすると法改正され，保育所を利用する対象児童が限定されました。1960年代に入り，政府は，乳幼児は家庭での養育を基本とするという立場に立ち，「3歳くらいまでは母のもとで過ごすことが望ましい」との考え方を広げようとしたとされています。その背景となる事情として，財源不足から保育所拡充を抑制しようとしたことが考えられます。

　しかし，同じ時期（1960年代），就労する母親たちを中心に，保育所を設置することを求める運動が各地に広がりました。そして，保育所では乳児保育も実施さ

Part1 理論編

Part2 実践編

Part3 アイディア集

れるようになり，母親らの就労と乳児の育ちを保障する場として，取り組みは各地に広がりました。乳児保育の実施には，安全な代替乳（粉ミルク）の開発と安定的な供給とともに，保育者による質の高い関わりが必要でした。乳児保育のあるべき姿を求めて尽力した保護者や保育者がいて，現在の乳児保育があるのです。

02 | 乳児保育の現状と課題

❖社会の変化と待機児童問題

　近年産業構造が変化し，賃金体系にも変化が生じて，夫婦で共働きをしないと生活の質を保てない状況になったと言われます。あわせて労働人口の減少に伴い，幼い子どもを育てる年齢層の女性たちの就業も期待され，保育所の拡充は必須となりました。

　知られているように，子ども人口は減少の一途をたどっています（図2－1）。しかし，保育所を利用したいというニーズは年々増えています。特に1・2歳児が保育所を利用する割合の増加傾向が目を引きます（図2－2）。都市部で問題となってきた待機児童問題の内実は，1・2歳児が保育所に入れないために待機している状況です（表2－2）。つまり，待機児童問題の解消のためには，乳児保育の受け皿を増やす必要がありました。

Lesson02 ●乳児保育の歴史と現状

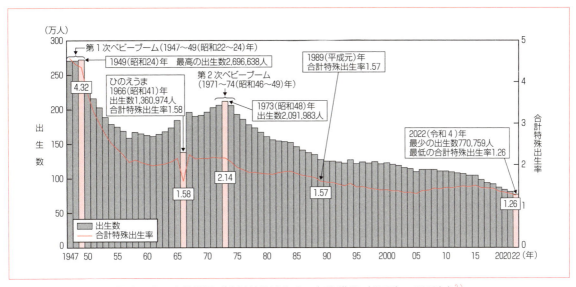

図2－1　出生数及び合計特殊出生率の年次推移（1947年～2022年）[2]
出典）内閣府「令和5年度版　少子化社会対策白書　全体版」、厚生労働省「令和4年人口動態統計」に基づき作成

2）合計特殊出生率とは1人の女性が生涯に産む子どもの数を示す指標であり、その年における15～49歳までの女性の年齢別出生率を合計して算出する。

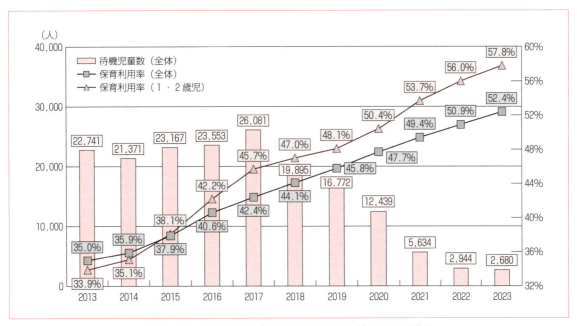

図2－2　保育所等待機児童数及び保育所等利用率の推移
出典）こども家庭庁「保育所等関連状況取りまとめ（令和5年4月1日）」

表2－1　保育所等の利用定員・利用児童数等の状況

		保育所等数	利用定員数	利用児童数
令和3年	合計	38,666	3,016,918	2,742,071
	保育所等	29,985	2,838,675	2,592,812
	幼稚園型認定こども園等	1,339	62,990	58,807
	地域型保育事業	7,342	115,253	90,452
令和4年	合計	39,224	3,044,399	2,729,889
	保育所等	30,374	2,860,793	2,575,402
	幼稚園型認定こども園等	1,396	65,831	62,289
	地域型保育事業	7,474	117,775	92,208
令和5年	合計	39,589	3,050,928	2,717,335
	保育所等	30,600	2,860,739	2,555,935
	幼稚園型認定こども園等	1,477	71,545	66,876
	地域型保育事業	7,512	118,644	94,524

出典）こども家庭庁「保育所等関連状況取りまとめ（令和5年4月1日）」を一部修正

表2－2　年齢区分別の利用児童数・待機児童数（令和5年4月1日時点）

	利用児童数	待機児童数
低年齢児（0～2歳）	1,096,589人　（40.4%）	2,436人　（90.9%）
うち0歳児	135,991人　（5.0%）	156人　（5.8%）
うち1・2歳児	960,598人　（35.4%）	2,280人　（85.1%）
3歳以上児	1,620,746人　（59.6%）	244人　（9.1%）
全年齢児計	2,717,335人（100.0%）	2,680人　（100.0%）

※利用児童数は全体（幼稚園型認定こども園等，地域型保育事業等を含む）

出典）こども家庭庁「保育所等関連状況取りまとめ（令和5年4月1日）」

❖子ども・子育て支援新制度

　子どもを産み育てたい人々のニーズに応えるべく，力強く待機児童問題を解消するため，2015（平成27）年４月から，子ども・子育て支援新制度が実施されています（図２－３）。

　行政資料によれば，子ども・子育て支援新制度は「『量』と『質』の両面から子育てを社会全体で支えます」とされ，「消費税率引き上げによる増収分を活用します」「もっとも身近な市町村が中心となって進めます」「企業による子育て支援も応援します」とうたっています[3]。「量」への言及は，待機児童問題の解消をめざしていることが明らかで，その打開策のひとつが認定こども園の拡充です。特に幼保連携型認定こども園の拡充を促すため，関連する法規が各所で整えられました[4]。また，０歳児から２歳児を保育する場を拡充するため，新たに「保育所（原則20人以上）より少人数の単位で，０～２歳児の子どもを保育する事業」である「地域型保育」が実施されることになりました。この「地域型保育」は，４つのタイプ（家庭的保育・小規模保育・事業所内保育・居宅訪問型保育）から成っています（図２－４）。

　乳児保育の利用者が増加する動きを受けて，保育所保育指針においても，乳児保育の内容が充実することとなりました[5]。このあたりは，保育の「質」の向上を期した施策と言えるでしょう。

❖乳児保育の課題

　子ども・子育て支援新制度により，乳児保育の場が増設され，待機児童問題は解決に向けて大きく進みました。しかしその後，コロナ禍を経て様相が一変，生まれてくる子どもの数がさらに減少し，都市部でも一部の保育所で定員割れ傾向が現われてきました。国はすべての保育所の経営状況を安定させ，少ない人数の子どもを丁寧に保育する方向に進めてほしいものです。また，保護者の長時間保育へのニーズに応えるよう，保育現場に要請がされて，乳児保育も長時間化していることがあります。量的拡大を急ぎ，園庭などの保育環境の条件に緩和がされることで，園庭のない小規模保育所も増えました。子ども・子育て支援新制度は複雑でわかりにくいですが，子どもたちの利益にかなっているか，制度の検証にも関心を持っていきたいものです。

3）内閣府『子ども・子育て支援新制度　なるほどBOOK 平成28年４月改訂版　すくすくジャパン！』より引用。
https://warp.da.ndl.go.jp/info:ndljp/pid/12772297/www8.cao.go.jp/shoushi/shinseido/event/publicity/naruhodo_book_2804.html

4）「Column02 認定こども園とは」を参照のこと。

5）「Lesson05 保育所保育指針における乳児保育のポイント①」「Lesson06保育所保育指針における乳児保育のポイント②」を参照のこと。

子ども・子育て支援新制度の概要

市町村主体

子どものための教育・保育給付

認定こども園・幼稚園・保育所・小規模保育等に係る共通の財政支援

施設型給付費

認定こども園　0〜5歳

幼保連携型

※幼保連携型については、認可・指導監督の一本化、学校及び児童福祉施設としての法的位置づけを与える等、制度改善を実施

幼稚園型　保育所型　地方裁量型

幼稚園　3〜5歳　　保育所　0〜5歳

※私立保育所については、児童福祉法第24条により市町村が保育の実施義務を担うことに基づく措置として、委託費を支弁

地域型保育給付費

小規模保育、家庭的保育、居宅訪問型保育、事業所内保育

子育てのための施設等利用給付

新制度の対象とならない幼稚園、認可外保育施設、預かり保育等の利用に係る支援

施設等利用費

新制度の対象とならない幼稚園

特別支援学校

預かり保育事業

認可外保育施設等
・認可外保育施設
・一時預かり事業
・病児保育事業
・子育て援助活動支援事業（ファミリー・サポート・センター事業）

※認定こども園（国立・公立大学法人立）も対象

地域子ども・子育て支援事業

地域の実情に応じた子育て支援

①利用者支援事業
②延長保育事業
③実費徴収に係る補足給付を行う事業
④多様な事業者の参入促進・能力活用事業
⑤放課後児童健全育成事業
⑥子育て短期支援事業
⑦乳児家庭全戸訪問事業
⑧・養育支援訪問事業
　・子どもを守る地域ネットワーク機能強化事業
⑨地域子育て支援拠点事業
⑩一時預かり事業
⑪病児保育事業
⑫子育て援助活動支援事業（ファミリー・サポート・センター事業）
⑬妊婦健診

国主体

仕事・子育て両立支援事業

仕事と子育ての両立支援

・企業主導型保育事業
⇒事業所内保育を主軸とした企業主導型の多様な就労形態に対応した保育サービスの拡大を支援（整備費、運営費の助成）

・企業主導型ベビーシッター利用者支援事業
⇒繁忙期の残業や夜勤等の多様な働き方をしている労働者が、低廉な価格でベビーシッター派遣サービスを利用できるよう支援

・子ども・子育て支援に積極的な中小企業に対する助成（仮称）
⇒くるみん認定を活用し、育児休業等取得に積極的に取り組む中小企業を支援

図2−3　子ども・子育て支援新制度の概要
出典）内閣府子ども・子育て本部「子ども・子育て支援新制度について　令和3年6月」

Lesson02 ●乳児保育の歴史と現状

地域型保育 0～2さい

保育所（原則20人以上）より少人数の単位で，0～2歳の子どもを保育する事業

※地域型保育では，保育内容の支援や卒園後の受け皿の役割を担う連携施設（保育所，幼稚園，認定こども園）が設定されます。

利用時間
夕方までの保育のほか，園により延長保育を実施。

利用できる保護者
共働き世代，親の介護などの事情で家庭で保育のできない保護者。

4つのタイプ

❶家庭的保育（保育ママ）
家庭的な雰囲気のもとで，少人数（定員5人以下）を対象にきめ細かな保育を行います。

❷小規模保育
少人数（定員6～19人）を対象に，家庭的保育に近い雰囲気のもと，きめ細かな保育を行います。

❸事業所内保育
会社の事業所の保育施設などで，従業員の子どもと地域の子どもを一緒に保育します。

❹居宅訪問型保育
障害・疾患などで個別のケアが必要な場合や，施設がなくなった地域で保育を維持する必要がある場合などに，保護者の自宅で1対1の保育を行います。

図2－4　地域型保育における4つのタイプ
出典）内閣府・文部科学省・厚生労働省『子ども・子育て支援新制度　なるほどBOOK　平成28年4月改訂版　すくすくジャパン！』

【参考文献】
・沢山美果子『江戸の乳と子ども　いのちをつなぐ』吉川弘文館，2017
・樋上惠美子『近代大阪の乳児死亡と社会事業』大阪大学出版会，2016
・三田谷啓『育児の心得』同文館，1923（『学術ライブラリー　三田谷啓著作集　第1巻　育児の心得』学術出版会，2015）
・橋本宏子『戦後保育所づくり運動史』ひとなる書房，2006
・宍戸健夫『日本における保育園の誕生　子どもたちの貧困に挑んだ人びと』新読書社，2014
・宍戸健夫・渡邉保博・木村和子・西川由紀子・上月智晴編『保育実践のまなざし　戦後保育実践記録の60年』かもがわ出版，2010
・吉村真理子『0～2歳児の保育手帳』フレーベル館，1964（太田素子監修，福元真由美・浅井幸子・大西公恵編集『保育のデザイン：環境構成からカリキュラムまで28巻』日本図書センター，2015）
・松本園子「戦後復興と保育―1945年～1950年代前半―」（「第6章　戦後保育制度の成立と展開」所収）汐見稔幸・松本園子・髙田文子・谷治夕起・森川敬子『日本の保育の歴史　子ども観と保育の歴史150年』萌文書林，2017
・塩崎美穂「「子守り学校」から「保育所」へ―近代日本における乳児保育実践の生成」『次世代育成研究・児やらい』第10巻，尚絅子育て研究センター，2013

Column 01 乳児院とは
——乳児が暮らす福祉施設の現状

　「乳児院」という名前を聞いたことはありますか？　「乳児院」は，みなさんの多くが働くことになる「保育所」と同じ児童福祉施設のひとつです。保育士資格のある保育者ならば，乳児の保育にたずさわる可能性のある保育の場です。

　「厚生労働省」の調査によると，全国に145の施設があり（2022〈令和4〉年度），約2,560人の子どもが入所しています。

❖乳児院とはどのようなところ？

　乳児院とは，「乳児」を養育する施設です（児童福祉法第37条）。保護者による養育がむずかしい子どもを，乳児院では育てることができます。

　たとえば，お母さんやお父さんが赤ちゃんを育てられなくなってしまい，親戚にも育てる人がいないとき，その赤ちゃんは児童相談所が窓口になり乳児院に措置され，安全に，安心して育てられるということです。

　ただし，児童福祉法でいう「乳児」は1歳未満の子どもを指しますが，乳児院の場合には，「保健上，安定した生活環境の確保その他の理由により特に必要のある場合には，幼児を含む」（児童福祉法第37条）とされていて，0歳の赤ちゃん（infant）だけではなく，1歳や2歳の乳児（toddler）と，必要がある場合には，小学校入学前の幼児でも乳児院で生活することができます。

❖乳児院の赤ちゃんは24時間，施設で暮らしている

　家庭で育つことのできない子どものための乳児院では，子どもたちが快適に過ごせるよう，保育を計画的に行います。乳児院の保育計画では，乳児の生活リズムに応じた，規則正しい食事や睡眠の時間が保障されています。

　でも，赤ちゃん中心の生活が保障されるということは，家庭で育つときにはあたり前にある「お出かけ」や「お買いもの」，あるいは，両親が食事の用意をする横で寝転んでテレビを見るような「いいかげん（良い加減）」な雰囲気を味わいにくいということでもあります。保育者が，赤ちゃんにとって快適である空間をどんなに保障しようとしても，「24時間施設にいる」という乳児院の制度的枠組みによって，あたり前の日常生活を保障することはそれほど簡単ではありません。

❖近ごろの乳児院

　かつての乳児院が「孤児院」と呼ばれていたように，終戦直後の乳児院の子どもの多くは戦災孤児や捨て子でした。ところが，最近の入所理由を見ると，父母の死亡というのはごくわずかで，もっとも多いのが父母の病気，虐待や育児放棄（ネグレクト），経済的理由，未婚，就労のためというものが中心で，そのほかには，離婚，家出，次の子どもの出産や子どもの障害[2]などが挙げられます。つまり，近ごろでは，家庭での子育ての困難が乳児院入所のおもな理由になっているのです（児童養護施設入所児童等調査結果（令和5年2月1日現在）による）。

　とくに増加が目立つのは，母親の病気（精神病や神経症）による入所です。2歳未満の子どもを1ヵ月以内預かる短期入所や，乳幼児を7日以内保育するショートステイなどが多くなり，乳児院で過ごす期間が1年未満の子どもが44.6%を占めるようになっています。お母さんが生活を立てなおし，虐待や育児放棄という事態が回避されるよう，乳児院は子育て支援の役割を果たしているのです。

　もちろん，保護者がいないために帰る家庭のない子ども，保護者はいても家庭の養育機能が十分ではないと判断され，乳児院に長く暮らす子どももたくさんいます。親元や親類等に引き取られる子どもが37.4%，里親委託や養子縁組が決まる子どもが23.7%，児童養護施設に移っていく子どもが30.3%います。

❖保育所保育とは違う

　保育所の保育者は保護者の代わりではありません。保育者としての専門性を発揮し，朝夕夜に子どもを育てる保護者と協力しながら，親とは異なる立場で子どもに関わります。でも，乳児院の保育では，親がいない子どもの場合を考えなくてはなりません。保護者の不在を補う「保育者の専門性」，むずかしい課題ですね。

1）福祉の必要なことを行政が認定し，行政処分を行うことを「措置」という。ここでは，行政機関の判断に基づき，乳児院を選定したうえで，赤ちゃんをそこに入所させることをいう。

2）「しょうがい」ということばについては，「害」という文字に抵抗感を持つ人もいること等，さまざまな考え方があり，それにより，「障害」「障碍」「障がい」というように現在，複数の表記が存在している。本書では，わが国の法律等の表記にのっとって「障害」の表記で統一することにした。

Column 02 認定こども園とは

❖認定こども園の機能

　認定こども園は,「幼稚園と保育所の良いところを活かしながら,その両方の役割を果たすことができるような新しい仕組みを創ろう」との観点から構想され,導入されました。2006(平成18)年6月15日に「就学前の子どもに関する教育,保育等の総合的な提供の推進に関する法律」(以下,認定こども園法)が制定され,この法律に基づいて,認定こども園が同年10月からスタートしました。「子ども」でなくひらがなで「こども」と表記する点に注目しましょう。

＊2つの機能とは

　認定こども園は,2つの機能を備えるものとされています。

①「就学前の子どもに幼児教育・保育を提供する機能」

　「保護者が働いている,いないにかかわらず受け入れて,教育・保育を一体的に行う機能」と説明されています。保育所には保護者が働いている子どもが通う,幼稚園には保護者(多くの場合は母親)が働いていない子どもが通う,という一般的な形がありますが,こうした保護者の事情を問わず受け入れようとするものです。

②「地域における子育て支援を行う機能」

　「すべての子育て家庭を対象に,子育て不安に対応した相談活動や,親子の集いの場の提供などを行う機能」と説明されています。その園に子どもを通わせる保護者のみならず,園に子どもを通わせていない保護者とその子どもも支援の対象とするものです。

　ただ,こうした取り組みは保育所のみならず幼稚園にも求められており,認定こども園における独自の機能ではありませんが,こうした子育て支援の提供が,より強調されているとはいえるでしょう。

❖認定こども園導入の社会的背景

　認定こども園が導入された理由として,就学前の子どもをとりまく環境が大きく変わってきたことがあります。

＊都市部の待機児童問題と農村部の課題

　まずは,都市部の保育所における待機児童問題です。子どもを保育所に入れたいのに希望する保育所に入れられず,就労に支障をきたすなど深刻な社会問題となってきました。

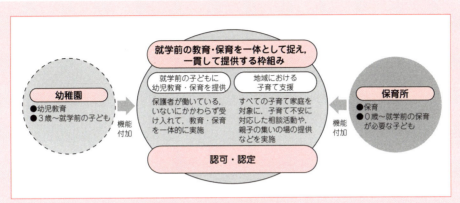

図1 認定こども園の機能について
出典）『認定こども園概要』こども家庭庁ホームページ
https://www.cfa.go.jp/policies/kokoseido/kodomoen/gaiyou/

　一方，幼稚園では定員割れを起こしている園もあり，閉園に追い込まれる例も報告されています。幼稚園がその環境を生かし，保育所の役割を担うようになれば，待機児童問題の解消につながります。幼稚園が保育所の機能も備え，保護者の事情を問わず受け入れる場となるために，認定こども園という保育の場が構想されたのです。巨額な財政赤字を抱える日本社会にあって，認定こども園は，現在ある社会資源の有効的な活用のため，構想された施設であるということです。

　地方で人口が減少する農村部では，事情が異なります。保育所や幼稚園に在籍する子どもが減っている場合，それぞれの子ども集団の規模が小さくなり，経験させたい豊かな人間関係が実現できないことになります。そこで，幼稚園や保育所という形を問わず，子どもたちがともに過ごせるような場が求められるようになりました。

＊保護者の事情にともなう多様なニーズ

　そのほか，働いている保護者が保育所に子どもを預けている場合にも，悩ましい事情が発生することがありました。たとえば，2人目の子どもを授かって育児休業に入ると，すでに保育所に通っていた子どもは「保育を必要としない」とみなされ，その保育所に通い続けることができませんでした。育児休業中は1人目の子どもを幼稚園に転園させ，育児休業明けには2人の子どもを保育所に通わせるというように，制度に翻弄されることにもなりました。保護者が働いているか働いていないかを問わず，子どもを受け入れる施設が運用されれば，こうした課題も解決されると考えられます。

＊「幼保一元化」の議論の歴史

　保育所と幼稚園は，明治時代から別々の歴史を経て今日にいたっています。しかし，就学前の子どもたちが，保護者の事情により2つの施設に分かれて過ごす状況は問題視され，

「幼保一元化」としてそのあり方が長く議論されてきました。今日認定こども園が導入されるようになったことは，こうした長い議論の歴史を経て結実した成果ともいえるでしょう。ちなみに，近年の認定こども園については，「幼保一元化」ではなく「幼保一体化」と表現されています。

❖認定こども園における4つのタイプ

認定こども園には「幼保連携型」「幼稚園型」「保育所型」「地方裁量型」の4つのタイプがあります。それぞれの違い・特徴は，以下のとおり説明されています。

①「幼保連携型」：幼稚園的機能と保育所的機能の両方の機能をあわせもつ単一の施設として，認定こども園としての機能を果たすタイプ。

②「幼稚園型」：認可幼稚園が，保育が必要な子どものための保育時間を確保するなど，保育所的な機能を備えて認定こども園としての機能を果たすタイプ。

③「保育所型」：認可保育所が，保育が必要な子ども以外の子どもも受け入れるなど，幼稚園的な機能を備えることで認定こども園としての機能を果たすタイプ。

④「地方裁量型」：幼稚園・保育所いずれの認可もない地域の教育・保育施設が，認定こども園として必要な機能を果たすタイプ。

＊幼保連携型認定こども園

このような4つのタイプの認定こども園のなかで，2015（平成27）年4月より施行の運びとなった「子ども・子育て支援新制度」では，とくに「幼保連携型」の設置が強く求められる流れとなっています。新制度では，認定こども園法も大幅に改正され，幼保連携型認定こども園に関する規定が多く追加されました。

また，2014（平成26）年4月には幼保連携型認定こども園教育・保育要領が告示され，同年12月には，幼保連携型認定こども園教育・保育要領解説が出されました。これにより，幼稚園教育要領や保育所保育指針と並んで，幼保連携型認定こども園における教育・保育の内容が独自に整備された形です。その後，2017（平成29）年3月31日に，保育所保育指針や幼稚園教育要領と足並みを揃え，幼保連携型認定こども園教育・保育要領が改訂されました。

新制度では，幼保連携型認定こども園が児童福祉法において新たに児童福祉施設のひとつとして位置づけられました。このように，就学前の子どものための施設として，幼保連携型認定こども園を増設するための条件整備が進められています。

❖認定こども園の課題

＊複雑な制度とその見直し

認定こども園は，開設以来，劇的に増加の一途をたどってきた，とは言い難い状況があ

りました。大きく増加してこなかった理由のひとつが，制度の複雑さです。制度が改定を
くり返し，わかりにくい点も認定こども園の特徴のひとつでした。補助金申請などの事務
手続きが管轄省庁である文部科学省（幼稚園とみなされる分）と厚生労働省（保育所とみ
なされる分）に分かれているなど，縦割り行政の弊害も課題として指摘されてきました。
こうした声をふまえ，幼保連携型認定こども園の管轄省庁を内閣府に一本化して，わかり
やすい制度の運用が目指されました。2023（令和5）年4月からは，管轄省庁がこども家
庭庁に移行しました。こうした経緯を経て，近年認定こども園は，著しい増加となってい
ます。

表1　認定こども園数の推移（各年4月1日時点）

年度	認定こども園数	（公私の内訳）		（類型別の内訳）			
		公立	私立	幼保連携型	幼稚園型	保育所型	地方裁量型
平成23年	762	149	613	406	225	100	31
平成24年	909	181	728	486	272	121	30
平成25年	1,099	220	879	595	316	155	33
平成26年	1,360	252	1,108	720	411	189	40
平成27年	2,836	554	2,282	1,930	525	328	53
平成28年	4,001	703	3,298	2,785	682	474	60
平成29年	5,081	852	4,229	3,618	807	592	64
平成30年	6,160	1,006	5,154	4,409	966	720	65
平成31年	7,208	1,138	6,070	5,137	1,104	897	70
令和2年	8,016	1,272	6,744	5,688	1,200	1,053	75
令和3年	8,585	1,325	7,260	6,093	1,246	1,164	82
令和4年	9,220	1,414	7,806	6,475	1,307	1,354	84

出典）『認定こども園に関する状況について（令和4年4月1日現在）』こども家庭庁ホームページ
https://www.cfa.go.jp/assets/contents/node/basic_page/field_ref_resources/0f3ffc2a-7126-
4f96-9497-dd3dbfb5438f/123c8b6f/20230929_policies_kokoseido_kodomoen_jouhou_01.pdf

＊現場での課題

　保育の現場に目を転じると，保育者にはより細かな対応が求められているといえます。
たとえば，長い時間滞在する子ども（保育所機能を利用）には午睡（昼寝）の時間を確保
しますが，比較的短い時間の滞在となる子ども（幼稚園機能を利用）には，午睡を行わな
い場合があります。さほど広くない敷地のなかで，静かな休息を保障する環境と，元気い
っぱい遊びたい子どもの思いを尊重する環境とを，両立して実現しなければなりません。

＊幼稚園関係者による移行の課題

　幼稚園関係者にとって，幼稚園で乳児保育（0・1・2歳児の保育）を経験してきてい

ないこともあり，乳児保育は未知の分野でしょう。乳児保育のための物的環境の整備，乳児保育に詳しい人材の確保（新規採用ないし研修），乳児保育の方法論の開発などが求められることになります。

　保育所機能における保育の長時間化についても，子どもの利益に叶うものかと不安を募らせる幼稚園関係者は少なくありません。ただ，近年，保護者から保育所に求められてきた長時間保育の傾向にあっては，保育所関係者も子どもに強いられる心身の負担を危惧しています。保護者の保育ニーズを受容することがすべて子どもの利益に叶うとは限らないのであって，この点は認定こども園に限らず，保育所の機能にともなう今日的な課題です。

＊保育教諭

　認定こども園発足時は，幼稚園教諭免許と保育士資格の併用が望ましいが，片方の資格免許しか有しない者を排除しないとされていました。しかし，新しい認定こども園法において，幼保連携型認定こども園では両資格免許を有する者が求められ，その立場が保育教諭として位置づけられました。

認定こども園法　第14条

　幼保連携型認定こども園には，園長及び保育教諭を置かなければならない。

第14条第10項

　保育教諭は，園児の教育及び保育をつかさどる。

　幼保連携型認定こども園が新卒者を採用する場合であれば，幼稚園免許と保育士資格を両方とも取得見込みの学生を求めることになるでしょう。

　保育者の資格免許については，大学などにおける養成課程のあり方が，今後，大きく変化するのかどうか，関係者は注視しているのが現状です。

＊認定こども園の今後

　認定こども園は，その制度を整備する途上にあるといえます。保育所や幼稚園とあわせ，就学前の子どもが通う施設は今後どうなっていくのか，その推移を見守りたいものです。

【参考文献】　・ミネルヴァ書房編集部編『保育小六法2014』ミネルヴァ書房，2014
　　　　　　　・佐藤純子，今井豊彦（編著）『早わかり子ども・子育て支援新制度　現場はどう変わるのか』ぎょうせい，2015

Album 01 せんせい，だいすき

　本を読んでくれる先生，一緒に遊んでくれる先生…。大好きな先生と過ごすうち，子どもたちはいろいろな力を育んでいるようです。

▲先生の笑顔に引き込まれてしまう子どもたちです。絵本の世界に集中することで，自然とお話を聞く力が育っています（1歳児クラス，10月）。

▲先生も積み木でともに遊び，子どもたちに楽しい遊び方を伝えます。子どもたちは先生のまねをするなかで，自分の遊び方をつかみます（2歳児クラス，7月）。

▲テーブルと椅子の設定で，先生の読み聞かせに集中できるようになりました。このひとときを子どもたちは心待ちにしています（2歳児クラス，11月）。

▲おしりには，新聞紙を引き裂いてつくったしっぽが。「しっぽをとっちゃうぞ！」「きゃー」。先生のおどけた姿に，子どもたちは笑いながら逃げました（2歳児クラス，11月）。

Part1 理論編
Part2 実践編
Part3 アイディア集

Lesson 03 知っておきたい法律のいろいろ
——児童福祉法，こども基本法など

　このLessonでは，乳児保育に関連する法律（児童福祉法，児童福祉施設の設備及び運営に関する基準，こども基本法，労働基準法，育児・介護休業法）についてとらえていきます。本書の巻末には，対応するワークシートがありますので，条文を書き込んで覚えましょう。

01 | 児童福祉法について知る

　児童福祉法は，第二次世界大戦後の混乱のなか（1947〈昭和22〉年），次世代を担う子どもたちの幸せを願って公布され，改正を重ねて今日にいたっています。

❖児童福祉法の根本思想とは

　法律の冒頭で，すべての子どもがその福祉を保障される権利を有するとうたっています。

> **児童福祉法　第1条**
> 　全て児童は，児童の権利に関する条約の精神にのつとり，適切に養育されること，その生活を保障されること，愛され，保護されること，その心身の健やかな成長及び発達並びにその自立が図られることその他の福祉を等しく保障される権利を有する。

　旧第1条第1項は，「すべて国民は，児童が心身ともに健やかに生まれ，且つ，育成されるよう努めなければならない。」，同第2項は「すべて児童は，ひとしくその生活を保障され，愛護されなければならない。」という条文でした。2016（平成28）年6月の改正で，上記枠内のように，子どもが保障されるべき福祉の内容が詳しく述べられる形となりました。

　さらに新第2条では，すべての国民，児童の保護者，国及び地方公共団体における責任について述べています。私たち皆が，子どもたちの福祉に責任を負うのであり，さらに，行政機関がその責任を果たしているかを監視する責任も負っているのです。

❖乳児保育が行われる施設の位置づけ

　乳児保育が行われる施設として，まずとらえたいのは保育所です。保育所は，

22

児童福祉法第7条において，児童福祉施設のひとつとして長きにわたり位置づけられてきています。さらに挙げたいのは，認定こども園[1]です。2015（平成27）年4月から施行された子ども・子育て支援新制度にともない，幼保連携型認定こども園も児童福祉施設として新たに位置づけられました。

> **児童福祉法　第7条**
>
> 　この法律で，児童福祉施設とは，助産施設，乳児院，母子生活支援施設，保育所，幼保連携型認定こども園，児童厚生施設，児童養護施設，障害児入所施設，児童発達支援センター，児童心理治療施設，児童自立支援施設，児童家庭支援センター及び里親支援センターとする。

保育所については，第39条で次のように定義しています。

> **児童福祉法　第39条**
>
> 　保育所は，保育を必要とする乳児・幼児を日々保護者の下から通わせて保育を行うことを目的とする施設（利用定員が20人以上であるものに限り，幼保連携型認定こども園を除く。）とする。

　旧第39条の条文は「保育所は，日日保護者の委託を受けて，保育に欠けるその乳児又は幼児を保育することを目的とする施設とする。」というもので，これが長く保育所の定義として用いられてきました。「保育に欠ける」とは，保護者が就労や病気などの理由で乳幼児の養育を行うことができない状況を表現していましたが，その表現には，やや問題があるのではとの議論もありました。

　新第39条では，「保育を必要とする」という表現に改められ，その印象は大きく変わりました。しかし，条文の印象のみならず，制度も変わりました。「保育を必要とする事由」として認められる要件が広がった点が挙げられます[2]。

　幼保連携型認定こども園は，次のように定義されています。

> **児童福祉法　第39条の2**
>
> 　幼保連携型認定こども園は，義務教育及びその後の教育の基礎を培うものとしての満3歳以上の幼児に対する教育（教育基本法（平成18年法律第120号）第6条第1項に規定する法律に定める学校において行われる教育をいう。）及び保育を必要とする乳児・幼児に対する保育を一体的に行い，これらの乳児又は幼児の健やかな成長が図られるよう適当な環境を与えて，その心身の発達を助長することを目的とする施設とする。

1）幼稚園の機能と保育所の機能とをあわせもつ施設として，2006（平成18）年10月から設置がはじまったもので，0歳から就学前の子どもが対象となっている。認定こども園については，Column02を参照。

2）「保育を必要とする事由」としては，①就労，②妊娠・出産，③保護者の疾病・障害，④同居又は長期入院等をしている親族の介護・看護，⑤災害復旧，⑥求職活動，⑦就学，⑧虐待やDVのおそれがあること，⑨育児休業取得時に，既に保育を利用している子どもがいて継続利用が必要であること，⑩その他，の10項目が想定されている。

Part1　理論編

Part2　実践編

Part3　アイディア集

子ども・子育て支援新制度の実施にともない，児童福祉法は大幅に改変され，新制度と同様，2015（平成27）年4月から施行となりました。児童福祉法に幼保連携型認定こども園に関する内容が多く加わったことが，大きく目を引くポイントのひとつとなっています。

❖保育士はどういう立場？

保育士については，次のように定義しています。

> **児童福祉法　第18条の4**
>
> 　この法律で，保育士とは，第18条の18第1項の登録を受け，保育士の名称を用いて，専門的知識及び技術をもつて，児童の保育及び児童の保護者に対する保育に関する指導を行うことを業とする者をいう。

上記からわかるのは，保育士について，子どもの保育を担うだけでなく，保護者に「保育に関する指導を行う」ことも業務のひとつであると明確にうたっていることです。つまり，保育士の役割として，子どもの保育と保護者への指導とをともに担うことが，法律において示されているのです。

なお，幼保連携型認定こども園の職員は，保育教諭と称することが明記されました。これについては，Column02（16ページ）を参照しましょう。

02 | 児童福祉施設の設備及び運営に関する基準とは

保育所における保育の質は，保育士1人ひとりの努力だけでなく，担当する子どもの人数や物的環境など，多様な条件によって変わってきます。児童福祉施設の設備及び運営に関する基準では，保育の質の確保を目的として，守るべき最低の基準を定めています。

❖保育士1人が担当する子どもの数は何人？

児童福祉施設の設備及び運営に関する基準では，保育士1人で担当する子どもの数について，その上限を年齢別に示しています。

Lesson03 ●知っておきたい法律のいろいろ

児童福祉施設の設備及び運営に関する基準　第33条第2項

　　保育士の数は，乳児おおむね3人につき1人以上，満1歳以上満3歳に満たない幼児おおむね6人につき1人以上，満3歳以上満4歳に満たない幼児おおむね15人につき1人以上，満4歳以上の幼児おおむね25人につき1人以上とする。ただし，保育所1につき2人を下ることはできない。

　上記では，保育士1人が担当する子どもの数の上限を，0歳児で3人，1歳児から2歳児では6人などと定めています。ちなみに，2024（令和6）年4月の法改正により，保育士1人が担当する3歳児の上限は，20人であったところ15人に減少，4歳以上児の上限は30人だったところ25人に減少し，改善しました。保育所における子どもの数の上限と保育士1人の割合を整理すると，表3－1のようになります。

　より望ましい保育環境のために，保育士1人あたりの子どもの数を基準より少なくする努力が，経営者に求められています。

　なお，認定こども園[3]においても，「保育を必要とする」子どもに行われる保育（つまり保育所の機能の営み）の人的基準[4]は，上記と同じです。

表3－1　子どもの上限数と保育士の割合

子どもの年齢	子どもの数	保育士の数
0歳	3人	1人
1歳・2歳	6人	1人
3歳	15人	1人
4歳・5歳・6歳	25人	1人

❖乳児保育の場合は？

　乳児保育では，複数の保育士がチームで担任をすることが多いようです。たとえば1クラスに0歳児が6人いて，担当保育士が2人の場合，0歳児の最低基準である「3：1」を満たしていることになります。同様に，9人の0歳児のクラスに担当保育士が3人でも，基準を満たしています。このような要領で1クラスを構成し，複数の保育士は連携して保育を行います[5]。

❖保育所における物的環境の基準

　児童福祉施設の設備及び運営に関する基準では，保育所において実現すべき物的環境についても，その基準を定めています。

　まず，0歳・1歳の保育を行う際に求められる環境を，該当する条文から考えてみましょう。

3）認定こども園では，保護者が働いている，いないにかかわらず，子どもを受け入れることから，幼稚園のような「短時間利用」保育と，保育所のような「長時間利用」保育のパターンとが想定される。認定こども園については，Column02を参照。

4）認定こども園における基準で，幼稚園と同様に利用する幼児については，幼稚園35人につき保育士1人とされている。これは，幼稚園設置基準第3条「1学級の幼児数は，35人以下を原則とする。」に準じて設定されている。

5）詳しくは，Part1理論編のLesson11を参照。

> **児童福祉施設の設備及び運営に関する基準　第32条**
>
> 　保育所の設備の基準は，次のとおりとする。
> 1　乳児又は満2歳に満たない幼児を入所させる保育所には，乳児室又はほふく室，医務室，調理室及び便所を設けること。
> 2　乳児室の面積は，乳児又は前号の幼児1人につき1.65平方メートル以上であること。
> 3　ほふく室の面積は，乳児又は第1号の幼児1人につき3.3平方メートル以上であること。
> 4　乳児室又はほふく室には，保育に必要な用具を備えること。

　上記に示された「ほふく室」の「ほふく（匍匐）」とは，「腹ばいで進むこと」です[6]。乳児室（乳幼児1人あたり1.65㎡）とほふく室（乳幼児1人あたり3.3㎡）のいずれかが用意されればよいと読めますが，認可保育所では，後者の広さが乳幼児1人あたりの最低基準とされています。乳児期の運動機能の発達を保障するため，十分な広さの室内環境が求められます。そのほか，医務室も必要とされている点に着目しましょう。

　次に，2歳以上の子どもの保育に求められている環境について，条文を見てみましょう。先の法令の続きとなります。

> **児童福祉施設の設備及び運営に関する基準　第32条**
>
> 5　満2歳以上の幼児を入所させる保育所には，保育室又は遊戯室，屋外遊戯場（保育所の付近にある屋外遊戯場に代わるべき場所を含む。次号において同じ。），調理室及び便所を設けること。
> 6　保育室又は遊戯室の面積は，前号の幼児1人につき1.98平方メートル以上，屋外遊戯場の面積は，前号の幼児1人につき3.3平方メートル以上であること。
> 7　保育室又は遊戯室には，保育に必要な用具を備えること。

　2歳以上の子どもが過ごす保育所では，0歳児・1歳児の保育の場合と異なり，屋外の広い空間が求められています。

　認可保育所とは，上記のような基準を満たしている保育所です。待機児童が多数存在する地域では，上記のような物的環境の基準を緩和して保育所を設置する動きも見られます。基準を満たさない認可外保育所が，やむを得ない事情から利用されている現実もあります。しかし，乳幼児期の子どもの発達を考えるとき，物的環境設備の充実は不可欠です。子どもの立場に立って，十分な広さの室内空間や園庭などを確保することの大切さを認識したいものです。その一方，子どもが遊びたくなるような環境構成のあり方についても，探究していきましょう。

[6] 軍事訓練やトレーニングのひとつとして，匍匐前進（ほふくぜんしん）という用語が知られている。匍匐とは，それ以外には，ほとんど耳にしない言葉かもしれない。乳児に置き換えると，ハイハイといえばわかりやすいだろう。ちなみに，ほふく室の3.3㎡は，一辺約1.8mの正方形で，別の表し方をすると1坪（つぼ）となる。

Lesson03 ●知っておきたい法律のいろいろ

03 | こども基本法とは

2023（令和5）年4月，こども家庭庁が新設されました。あわせて，こども基本法が施行されました。子どもに関心を持つ者にとって，ぜひ知っておきたい法律です。「こども」をひらがなで表記していることから，この項に限り，「こども」を使用します[7]。

❖こども基本法の理念

こども基本法は，こども施策を社会全体で総合的かつ強力に推進していくための包括的な基本法として，2022（令和4）年6月に成立し，2023（令和5）年4月に施行されました。

> **こども基本法　第1条**
> この法律は，日本国憲法及び児童の権利に関する条約の精神にのっとり，次代の社会を担う全てのこどもが，生涯にわたる人格形成の基礎を築き，自立した個人としてひとしく健やかに成長することができ，心身の状況，置かれている環境等にかかわらず，その権利の擁護が図られ，将来にわたって幸福な生活を送ることができる社会の実現を目指して，社会全体としてこども施策に取り組むことができるよう，こども施策に関し，基本理念を定め，国の責務等を明らかにし，及びこども施策の基本となる事項を定めるとともに，こども政策推進会議を設置すること等により，こども施策を総合的に推進することを目的とする。

第1条において，日本国憲法及び児童の権利に関する条約（子どもの権利条約）の精神にのっとって，こどもの権利の擁護が図られるべきであることを謳っています[8]。これまでわが国では，こどもやこどもに関わる人々の多くが，特に児童の権利に関する条約（子どもの権利条約）について十分に関心を寄せて来なかったと言われています。この法律をきっかけに，乳児を含めたすべてのこどもの権利が保障されるべきであることを，皆が理解しなくてはなりません。

> **こども基本法　第2条**
> この法律において「こども」とは，心身の発達の過程にある者をいう。

児童福祉法では児童を「満十八歳に満たない者」と定義していましたが，こども基本法では「こども」を年齢で区切らないとしています。大学生などの若者も，「こども」に含まれます。

7）こども家庭庁，こども基本法と，表記は「子ども」ではなく「こども」である。その理由について，こども家庭庁によれば，「当事者であるこどもにとってわかりやすく示すという観点から，平仮名の「こども」の表記を用いている。」などと説明している。（出典：こども基本法に関するQ＆A【第1版（令和5年4月版）】）

8）児童の権利に関する条約は，1989年11月20日に国連総会で採択された。英語の名称はConvention on the Rights of the Childで，日本政府訳は「児童の権利に関する条約」，通称として「子どもの権利条約」がある。

Part1 理論編

Part2 実践編

Part3 アイディア集

❖こども施策とは

　こども基本法が目指す，こども施策とは何でしょうか。こども家庭庁ホームページに平易な文章で整理されているものを以下に引用します。なお，その内容はこども基本法第3条に基づいています。

こども施策は，6つの基本理念をもとに行われます。

1　すべてのこどもは大切にされ，基本的な人権が守られ，差別されないこと。

2　すべてのこどもは，大事に育てられ，生活が守られ，愛され，保護される権利が守られ，平等に教育を受けられること。

3　年齢や発達の程度により，自分に直接関係することに意見を言えたり，社会のさまざまな活動に参加できること。

4　すべてのこどもは年齢や発達の程度に応じて，意見が尊重され，こどもの今とこれからにとって最もよいことが優先して考えられること。

5　子育ては家庭を基本としながら，そのサポートが十分に行われ，家庭で育つことが難しいこどもも，家庭と同様の環境が確保されること。

6　家庭や子育てに夢を持ち，喜びを感じられる社会をつくること。

出典：「こども基本法」こども家庭庁ホームページ　https://www.cfa.go.jp/policies/kodomo-kihon/

❖こどもの意見表明権

　先述の6つの基本理念のうち，3と4では，こどもの意見を聞き，その意見を尊重することについて書かれています。その背景には，児童の権利に関する条約（子どもの権利条約）の第12条があります。

児童の権利に関する条約　第12条

1　締約国は，自己の意見を形成する能力のある児童がその児童に影響を及ぼすすべての事項について自由に自己の意見を表明する権利を確保する。この場合において，児童の意見は，その児童の年齢及び成熟度に従って相応に考慮されるものとする。

2　このため，児童は，特に，自己に影響を及ぼすあらゆる司法上及び行政上の手続において，国内法の手続規則に合致する方法により直接に又は代理人若しくは適当な団体を通じて聴取される機会を与えられる。

Lesson03 ●知っておきたい法律のいろいろ

　これまで，どれだけ大人はこどもに意見を聞こうとしてきたでしょうか。これ
からの時代は，こどもに意見を聞く姿勢が求められます。意見を語ることのでき
ない乳児期のこどもでも，周囲の世界を感じているのであり，その思いを読み取
って代弁することが身近な大人に求められています。そして，幼いこどもにも，
丁寧にその考えを尋ねる機会を設けていきましょう。こうしたこどもの権利につ
いて熟考しつつ進めば，おのずと「不適切な保育」と呼ばれるような虐待事案に
は至らないでしょう。

04 ｜ 労働基準法が示す女性への配慮

　乳児保育を担当するにあたっては，女性の妊娠・出産に関わる事情についても
知っておく必要があります。

❖ ‘産休’は労働基準法に基づいている

　妊娠は病気ではありませんが，女性はからだに変調をきたすことが多く，出産
後は安静を保つことが必要になります。労働基準法では，妊娠・出産に臨む女性
たちを保護することを目的として，休業の時期を示しています。雇い主は，この
基準にしたがって妊産婦に休業を保障しなくてはなりません。

労働基準法　第65条

　使用者は，6週間（多胎妊娠の場合にあつては，14週間）以内に出産する予定の女
性が休業を請求した場合においては，その者を就業させてはならない。

2　使用者は，産後8週間を経過しない女性を就業させてはならない。ただし，産後
6週間を経過した女性が請求した場合において，その者について医師が支障がないと
認めた業務に就かせることは，差し支えない。

3　使用者は，妊娠中の女性が請求した場合においては，他の軽易な業務に転換させ
なければならない。

　上記においておさえておきたいのは，女性は出産予定日の6週間前にいわゆる
産休に入り，原則として産後8週間までは，休業をとることが最低限保障されて
いる点です。職場復帰の時期については育児休業の期間にもよるので，一概には
いえません。ただ，早い場合では，生後57日（8週間＋1日）の赤ちゃんを保育
所に預けて職場復帰することもあり得ることを知っておきましょう。

Part1 理論編

Part2 実践編

Part3 アイディア集

29

05 | 育児・介護休業法について知る

　女性が産後の休業を終えるとき，赤ちゃんは生後57日です。職場復帰はむずかしいと考えたとき，引き続き育児休業に入るための申請をすることになります。育児休業について示した法律は，正式には「育児休業，介護休業等育児又は家族介護を行う労働者の福祉に関する法律」といい，通常では「育児・介護休業法」と呼ばれています。男女を問わずその職業と家庭生活とが両立することを目的とするもので，「子の養育又は家族の介護」を担いながら職業を営む人々を念頭においています。

❖育児休業はパパでもとれる

　育児休業に関する法律を見てみましょう。

育児・介護休業法　第5条

　労働者は，その養育する一歳に満たない子について，その事業主に申し出ることにより，育児休業（かっこ内，略）をすることができる。（以下，略）

3　労働者は，その養育する一歳から一歳六か月に達するまでの子について，次の各号のいずれにも該当する場合（かっこ内，略）に限り，その事業主に申し出ることにより，育児休業をすることができる。（以下，略）

4　労働者は，その養育する一歳六か月から二歳に達するまでの子について，次の各号のいずれにも該当する場合（かっこ内，略）に限り，その事業主に申し出ることにより，育児休業をすることができる。（以下，略）

　この法律のポイントは，育児休業をする労働者を女性だけに限定していない点です。つまり，母親はもちろん，父親でも育児休業をとることができます。就業形態に条件はありますが，子どもが2歳になるまで，様々な休業の制度が用意されています。

　子育てを母親任せにせず，夫婦ともに担うことが必要であるとの考えから，男性が育児休業をとることが期待されています。かつては男性の育児休業取得率が一桁台を推移していましたが，2023（令和5）年度には約30％に上昇しました（女性の取得率は8割台）。男性のさらなる取得率増加のため，企業に育児休業取得状況の公表が義務づけられたりして，後押しとなる取り組みが進められています。しかし，男性の育児休業の取得について，制度としては可能でも，職場の雰囲気

や事情が取得を許さない場合もあるようです。赤ちゃんが生まれた同僚に対して,その子育てを応援するような雰囲気が社会全体に広がっていくことを願いたいものです。

【参考文献】・ミネルヴァ書房編集部編『保育小六法2014』ミネルヴァ書房，2014
・子どもと保育総合研究所代表森上史朗監修『最新保育資料集2014』ミネルヴァ書房，2014
・小田倉泉「子どもの権利条約と幼児教育・保育―乳幼児の「意見表明権」と「参加する権利」幼児教育史学会監修，小玉亮子・一見真理子編『幼児教育史研究の新地平　下巻―幼児教育の現代史―』萌文書林，2022年

Lesson 04 『保育所保育指針』とは

01 | 『保育所保育指針』の目的

❖『保育所保育指針』の告示化, 大綱化

『保育所保育指針』とは, 児童福祉施設の設備及び運営に関する基準（昭和23年厚生省令第63号）第35条[1]に基づき, 保育所における保育の内容に関する事項およびこれに関連する運営に関する事項を定めたものです。最初の『保育所保育指針』は, 1965（昭和40）年に出されました。その後, 改訂・改定を重ね, 2017（平成29）年3月31日に告示された『保育所保育指針』は4回目の改定となりました[2]。第2次改訂までは厚生省局長通知として出され, 保育所保育のガイドラインという性格でした。しかし, 第3次改定からは厚生労働大臣により告示され, 規範性を有する基準となりました[3]。したがって, すべての保育所が共通に守るべき保育の基本的事項を示して一定の保育の水準を保ち, 保育の質を向上させていくのに重要な内容にしぼることで, 各保育所の創意工夫を促す大綱化[4]が図られました。

4次改定となった『保育所保育指針』も, 第3次改定と同様に告示されており, 大綱化の考え方を踏襲しています。

❖『保育所保育指針』のめざすこと

このように『保育所保育指針』は, 保育所等[5]で行われる保育の質の確保とさらなる保育の質の向上を目的としており, 『保育所保育指針』第1章総則では, 「各保育所は, この指針において規定される保育の内容に係る基本原則に関する事項等を踏まえ, 各保育所の実情に応じて創意工夫を図り, 保育所の機能及び質の向上に努めなければならない」と説明しています。

したがって, 『保育所保育指針』は, 児童福祉施設の設備及び運営に関する基準や保育に従事する者の基準（児童福祉法第18条の4等）とあわせて, 保育所保育の質を担保する仕組みとなっています。さらに, 各保育所が, 子どもや保護者や地域等を理解し, 保育や支援のあり方を創意工夫し続けることが, 保育所の機能や保育の質の向上につながるのです。

[1] 児童福祉施設の設備及び運営に関する基準第35条では, 「保育所における保育は, 養護及び教育を一体的に行うことをその特性とし, その内容については, 厚生労働大臣が定める指針に従う」とされていた。なお, 子ども家庭庁の設置及び関係法律の整備により, 2023（令和5）年から「内閣総理大臣が定める指針に従う」となった。

[2] 『保育所保育指針』に先立ち, 1950（昭和25）年「保育所運営要領」, 1952（昭和27）年「保育指針」がある。1965（昭和40）年に最初の『保育所保育指針』が出, 2017（平成29）年第4次改定が行われた。『保育所保育指針』（第4次改定）は, 2018（平成30）年4月に施行された。

[3] 『保育所保育指針』に規定されている事項は, その内容により, 「①遵守しなければならないもの, ②努力義務が課されるもの, ③基本原則にとどめ, 各保育所の創意や裁量を許容するもの, または各保育所での取組が奨励されることや保育の実施上の配慮にとどまるものなどに区分される」（「保育所保育指針の中央説明会」資料」内閣府・文部科学省・厚生労働省, 2017年7月）と説明されている。

02 │『保育所保育指針』（第４次改定）の方向性と３歳以上児の保育の内容の共有化

❖『保育所保育指針』『幼稚園教育要領』『幼保連携型認定こども園教育・保育要領』の同時改定・改訂の背景と方向性

『保育所保育指針』（第４次改定）が告示された2017（平成29）年３月31日に，幼稚園の教育内容等を記した『幼稚園教育要領』と，幼保連携型認定こども園の教育・保育内容等を記した『幼保連携型認定こども園教育・保育要領』も同じく告示されました。

これら３つの指針・要領（『保育所保育指針』，『幼稚園教育要領』，『幼保連携型認定こども園教育・保育要領』）の同時改定・改訂の背景には，少子化・核家族化，地域のつながりの希薄化の進行，共働き家庭の増加，それらの社会状況から子育てに対する不安，負担感，孤立感を抱く人がいることや児童相談所での児童虐待の相談対応件数の増加といった子どもをとりまく諸問題，さらに，2015（平成27）年４月からはじまった子ども・子育て支援新制度，１・２歳児を中心とする保育所利用児童数の増加等があると説明されています。加えて，乳幼児期に忍耐力，自己制御，自尊心といった非認知能力や社会情動的スキルを育てることがその後の人生にとって大切であることが明らかになり，世界的に乳幼児期の教育（保育）を重視するようになっているという背景もあります。

これらの背景から，『保育所保育指針』（第４次改定）は，先述したような子どもをとりまく諸問題を解決し，子どもの健やかな育ちを守るために，（１）乳児・１歳以上３歳未満児の保育に関する記載の充実，（２）保育所保育における幼児教育の積極的な位置づけ，（３）子どもの育ちをめぐる環境の変化を踏まえた健康及び安全の記載の見直し，（４）保護者・家庭及び地域と連携した子育て支援の必要性，（５）職員の資質・専門性の向上という５つの基本的な方向性を持って行われました。

4）第２次改訂では，０歳から６歳の子どもの月齢・年齢を８段階に区分し，その月齢・年齢ごとに保育の内容が示されており13章立てだったが，第３次改定では，保育の内容が１つの章にまとめられる等して７章立てになり大綱化された。この改定については，０，１，２歳児の保育についての内容が薄くなったとの批判が見られた。なお，第４次改定では，０，１，２歳児の保育についての記述を厚くする等の改定が行われ５章立てとなっている。

5）家庭的保育事業等の設備及び運営に関する基準（平成26年厚生労働省令第61号），認可外保育施設に対する指導監督の実施について（平成13年３月29日付け雇児発第177号厚生労働省雇用均等・児童家庭局長通知）により，小規模保育や家庭的保育等の地域型保育事業及び認可外保育施設においても，『保育所保育指針』の内容に準じて保育を行うことが定められている。

❖ 3歳以上児の保育の内容の共有化

　前に示した第4次改定の方向性の「（2）保育所保育における幼児教育の積極的な位置づけ」に対応することとして，今回の3つの指針・要領の同時改定・改訂では，3歳以上児の保育の内容の共有化がさらに進みましたので，その点をもう少し掘り下げてみましょう。

　2006（平成18）年12月，それまで用いられてきた教育基本法が改正され，新しい教育基本法が公布施行されました。その第11条は，幼児期の教育について新設された条項です。そこには，「幼児期の教育は，生涯にわたる人格形成の基礎を培う重要なものであることにかんがみ，国及び地方公共団体は，幼児の健やかな成長に資する良好な環境の整備その他適当な方法によって，その振興に努めなければならない」とあり，生涯にわたる人格形成の基礎を培う幼児期の教育の振興の必要が述べられています。また，この改正を受け，学校教育法も2007（平成19）年6月に改正され，第1条では，「この法律で，学校とは，幼稚園，小学校，中学校……」と，幼稚園の位置が入れ替えられました[6]。

　この教育基本法や学校教育法の改正は，幼児期の教育に対する社会的関心の現れですし，幼児期の教育を担う機関の役割が重要であることの理解とそれら機関への期待の高まりを示しているといえます。たとえば，保育所は，幼稚園とともに幼児期の教育を担っていることから，今回の『保育所保育指針』では，第1章総則の4に「幼児教育を行う施設として共有すべき事項」をおき，保育所が幼児教育を行う施設であると明確に位置づけました。

　このように，幼児期の教育の重要性への認識や期待が高まるなかで，2017（平成29）年3月31日に，『保育所保育指針』，『幼稚園教育要領』，『幼保連携型認定こども園教育・保育要領』の3つの指針・要領が同日に告示されました。これら指針・要領の3歳以上児の保育に関する「ねらい」および「内容」を比較してみてください。「保育士等」，「先生」，「保育教諭」といった言葉に違いはありますが，内容は統一されていますね。これは，就学前の多くの子どもが通う保育所，幼稚園，幼保連携型認定こども園（以下，保育所等という。）で，3歳以上児の保育の内容が共有化されたことを表しています。保育所等で行われる「教育」は，目の前の子どもを理解することからはじまりますし，各園が創意工夫し保育の質を高めることが求められていることはすでに指摘したとおりです。そのため，まったく同じ「教育」が行われることはあり得ませんが，規範性を持つ基準としては統一され，どの保育所等に通っても，子どもたちは一定の「教育」を受けることができるようになりました。

6）改正前の学校教育法第1条では，「この法律で，学校とは，小学校，中学校……及び幼稚園とする」となっていた。

Lesson04 ●『保育所保育指針』とは

保育所保育指針，幼保連携型認定こども園教育・保育要領，幼稚園教育要領の比較

保育所保育指針	幼保連携型認定こども園教育・保育要領	幼稚園教育要領
第1章　総則 1　保育所保育に関する基本原則 2　養護に関する基本的事項 3　保育の計画及び評価 4　幼児教育を行う施設として共有すべき事項 第2章　保育の内容 1　乳児保育に関わるねらい及び内容 2　1歳以上3歳未満児の保育に関わるねらい及び内容 3　3歳以上児の保育に関するねらい及び内容 4　保育の実施に関して留意すべき事項 第3章　健康及び安全 1　子どもの健康支援 2　食育の推進 3　環境及び衛生管理並びに安全管理 4　災害への備え 第4章　子育て支援 1　保育所における子育て支援に関する基本的事項 2　保育所を利用している保護者に対する子育て支援 3　地域の保護者等に対する子育て支援 第5章　職員の資質向上 1　職員の資質向上に関する基本的事項 2　施設長の責務 3　職員の研修等 4　研修の実施体制等	第1章　総則 第1　幼保連携型認定こども園における教育及び保育の基本及び目標等 第2　教育及び保育の内容並びに子育ての支援等に関する全体的な計画等 第3　幼保連携型認定こども園として特に配慮すべき事項 第2章　ねらい及び内容並びに配慮事項 第1　乳児期の園児の保育に関するねらい及び内容 　健やかに伸び伸びと育つ 　身近な人と気持ちが通じ合う 　身近なものと関わり感性が育つ 第2　満1歳以上満3歳未満の園児の保育に関するねらい及び内容 　健康 　人間関係 　環境 　言葉 　表現 第3　満3歳以上の園児の教育及び保育に関するねらい及び内容 　健康 　人間関係 　環境 　言葉 　表現 第4　教育及び保育の実施に関する配慮事項 第3章　健康及び安全 第1　健康支援 第2　食育の推進 第3　環境及び衛生管理並びに安全管理 第4　災害への備え 第4章　子育ての支援 第1　子育ての支援全般に関わる事項 第2　幼保連携型認定こども園の園児の保護者に対する子育ての支援 第3　地域における子育て家庭の保護者等に対する支援	前文 第1章　総則 第1　幼稚園教育の基本 第2　幼稚園教育において育みたい資質・能力及び「幼児期の終わりまでに育ってほしい姿」 第3　教育課程の役割と編成等 第4　指導計画の作成と幼児理解に基づいた評価 第5　特別な配慮を必要とする幼児への指導 第6　幼稚園運営上の留意事項 第7　教育課程に係る教育時間終了後等に行う教育活動など 第2章　ねらい及び内容 　健康 　人間関係 　環境 　言葉 　表現 第3章　教育課程に係る教育時間の終了後等に行う教育活動などの留意事項

03 | 『保育所保育指針』で押さえておきたい内容

❖ 『保育所保育指針＜平成29年告示＞』各章の内容

　第4次改定の『保育所保育指針』は，第1章総則，第2章保育の内容，第3章健康及び安全，第4章子育て支援，第5章職員の資質向上の5章で構成されています。ここでは，各章の内容についてごく簡単に触れておきたいと思います。

　第1章は，『保育所保育指針』全体に関わる基本的考え方を示しています。とくに，「養護に関する基本的事項」が総則に入れられたこと，つまり，「養護」[7]が保育所保育の基礎であり，『保育所保育指針』全体にとって重要なものであることを意味している点は大切です。そのほか，「保育の計画及び評価」も総則に入り，「全体的な計画」[8]の作成が求められています。さらに，「幼児教育を行う施設として共有すべき事項」として「育みたい資質・能力」3項目及び「幼児期の終わりまでに育ってほしい姿」10項目が示されました。

　第2章は，保育の内容について書かれています。先述のように，第4次改定では，「教育」に関して，幼稚園および幼保連携型認定こども園との共通化がさらに図られました。また，1人ひとりの発達の過程を大切にしようとする考え方に基づきつつ，乳児，1歳児，2歳児の保育内容の記述を充実させるため，子どもの年齢を，「乳児」，「1歳以上3歳未満児」，「3歳以上児」の3つに区分しています。そして，「乳児」では，「健康・人間関係・環境・言葉・表現」の5領域との連続性を意識しながら，身体的発達に関する視点「健やかに伸び伸びと育つ」，社会的発達に関する視点「身近な人と気持ちが通じ合う」，精神的発達に関する視点「身近なものと関わり感性が育つ」の3つの視点から保育の内容等が記載されています。「1歳以上3歳未満児」および「3歳以上児」では，「健康・人間関係・環境・言葉・表現」の各領域における「ねらい」と「内容」[9]，「内容の取扱い」が記載されています。

　第3章は，健康および安全について書かれています。アレルギー疾患を有する子どもの保育，重大事故の発生しやすい保育の場面を具体的に提示し事故を防止するための取り組みについて，食育，施設・設備等の安全確保，災害発生の対応体制や避難への備え等が記載されています。

　第4章では，保育所における保護者に対する子育て支援について書かれています。具体的には，子育て家庭に対する支援に関する基本的事項，保育所を利用している保護者に対する子育て支援，地域の保護者等に対する子育て支援等について述べています。本章で述べられている子どもの保護者に対する保育に関する指

---

7) 『保育所保育指針』では，「養護」を子どもの生命の保持および情緒の安定を図るために保育士等が行う援助や関わり，「教育」を子どもが健やかに成長し，その活動がより豊かに展開されるための発達の援助という意味で用いている。

8) 「全体的な計画」とは，第3次改定『保育所保育指針』では「保育課程」と表現されていた。本節の「保育の計画と評価・改善」の項も参照のこと。

9) 『保育所保育指針』の「ねらい」とは，「保育の目標をより具体化したものであり，子どもが保育所において，安定した生活を送り，充実した活動ができるように，保育を通じて育みたい資質・能力を，子どもの生活する姿から捉えたもの」である。また，「内容」とは，「『ねらい』を達成するために，子どもの生活やその状況に応じて保育士等が適切に行う事項と，保育士等が援助して子どもが環境に関わって経験する事項」である。

導とは,「子どもの保育に関する専門性を有する保育士が,各家庭において安定した親子関係が築かれ,保護者の養育力の向上につながることを目指して,保育の専門的知識・技術を背景としながら行うものである」と説明されています。

第5章では,自己研鑽,保育所が組織として職員のキャリアパスを見すえた研修機会の確保や充実,保育士等の役割分担や職員の勤務体制の工夫等,取り組みの内容や方法を具体的に示しています。

❖「育みたい資質・能力」,「幼児期の終わりまでに育ってほしい姿」

「育みたい資質・能力」,「幼児期の終わりまでに育ってほしい姿」は,今回の改定・改訂で初めて加えられた内容です。そして,保育所,幼稚園,幼保連携型認定こども園における3歳以上児の保育の内容の共有化により,3つの指針・要領に記載されました。ここからは,『保育所保育指針』の記述を中心にしながら「育みたい資質・能力」と「幼児期の終わりまでに育ってほしい姿」についての理解を深めていきましょう。

育みたい資質・能力

（1）豊かな体験を通じて,感じたり,気付いたり,分かったり,できるようになったりする「知識及び技能の基礎」

（2）気付いたことや,できるようになったことなどを使い,考えたり,試したり,工夫したり,表現したりする「思考力,判断力,表現力等の基礎」

（3）心情,意欲,態度が育つ中で,よりよい生活を営もうとする「学びに向かう力,人間性等」

幼児期の終わりまでに育ってほしい姿

（1）健康な心と体 　　　　　　（6）思考力の芽生え

（2）自立心 　　　　　　　　　（7）自然との関わり・生命尊重

（3）協同性 　　　　　　　　　（8）数量や図形,標識や文字などへの関心・感覚

（4）道徳性・規範意識の芽生え　（9）言葉による伝え合い

（5）社会生活との関わり　　　　（10）豊かな感性と表現

3つの柱からなる「資質・能力」は,それぞれを個別に取り出して指導するのではなく,子どもの発達の実情や興味,関心等をふまえながら,遊びを通した総合的な指導の中で一体的に育むことが求められます。

「幼児期の終わりまでに育ってほしい姿」は，5領域の「ねらい」および「内容」に基づいて，乳幼児期の子どもにふさわしい生活や遊びを積み重ね，「育みたい資質・能力」が育まれている5歳児後半の子どもの具体的な姿を描いたものです。これらの姿は，保育士等が子どもを指導するときに考慮するものとされています。ただ，そこで，とくに注意しなければならないのは，この「幼児期の終わりまでに育ってほしい姿」が到達すべき目標ではないということ，個々の姿を取り出して指導するものではないということです。『保育所保育指針』は，1人ひとりの子どもの発達の過程全体を大切にしようとする立場です。そして，個々の子どもがたどる発達や育ちの道筋，そこで見せる姿は当然1人ひとり異なります。保育士等は，この「幼児期の終わりまでに育ってほしい姿」を方向目標ととらえ，環境や子どもの自発的な活動としての遊びを通して，1人ひとりの子どもの発達の特性やそれぞれの時期にふさわしい指導をていねいに積み重ねることが大切でしょう。

　さらに，「幼児期の終わりまでに育ってほしい姿」を手がかりに，保育士等と小学校教師が子どもの姿を共有し，保育所保育と小学校教育の円滑な接続を図ることも期待されています[10]。

10）この点については，『保育所保育指針』第2章保育の内容4（2）小学校との連携のイ，及び，小学校学習指導要領第1章総則の第2の4学校段階等間の接続の（1）に説明されている。小学校教育では，生活科を中心とするスタートカリキュラムが学習指導要領に明確に位置づけられた。

Lesson04 ●『保育所保育指針』とは

❖子どもの最善の利益，環境を通して行う保育，養護と教育の一体性

　これら３つの事項は，これまでの『保育所保育指針』でも，保育所保育の本質
や基本とされてきました。
　保育所の第一の役割は，保育を必要とする乳幼児の保育を行い，その健全な心
身の発達を図ることですが，先述の改定の背景を考えますと，その役割を果たす
には，子どもの福祉を積極的に増進していかなければなりません。子どもの最善
の利益を考慮すること，さらに，保育所が乳幼児期の子どもにとってもっともふ
さわしい生活の場であることは，子どもの福祉を増進する基本となります。家庭
との緊密な連携を図りながら，誕生から卒園，その後の学校という長期的視点を
持ち，１人ひとりの子どもの発達の道筋やその特徴を理解し，それぞれに適した
関わりを持つことが必要です。
　そして，その際の方法は，環境を通して行う保育，養護と教育を一体的に展開
する保育です。子どもは，人，物，場等の環境との関わりを通して成長発達しま
すので，子どもの生活が豊かになるように計画的に環境を構成し，工夫して保育
しなければなりません。また，子どもが安心，安定して生活や活動し成長発達す
るには，養護と教育の両側面を欠くことはできません。養護と教育の両側面は，
子どもの生活や遊びを通して相互に関連を持ちながら，総合的に展開されるもの
なのです。

❖保育の計画[11] と評価・改善

　保育に計画（計画性）と評価・改善が必要なことは，これまで通りです。今回
の改定では，年齢区分の変更がなされるとともに，「保育課程」にかわって「全
体的な計画」という語が使用されるようになりました。
　保育士は，「乳児」，「１歳以上３歳未満児」，「３歳以上児」という３つの年齢
区分ごとに示されている保育の「ねらい」と「内容」の趣旨を理解し，目の前の
子どもの生活や発達の連続性，保育所の保育理念や保育方針，さらに地域性等を
考慮しながら，全職員と共同して各保育所の保育の内容を創り出し，計画性を持
って保育することが求められています。そして，全職員でその園独自の保育の内
容を創り出す（計画）－計画に基づき実施（実行）した保育の内容を記録（記録）
し，その記録に基づきふり返る（評価）－そのふり返りに基づいてよりよい保育
の内容を創り出す（改善）という，保育の過程をくり返すことが，各保育所の保
育の質の向上につながっていくとされます。

11）保育の「全体的な計
画」，指導計画，保健計
画については，Part1
Lesson12で詳しく説明
しているので，あわせて
参照のこと。

Part1 理論編

Part2 実践編

Part3 アイディア集

「全体的な計画」は，子どもが保育所に在籍する全期間をかけて，保育の目標を達成するために行う保育の計画であり，指導計画やその他の計画の上位に位置する，保育所保育の根幹となるものです。そして，保育士をはじめとする全職員が，1人ひとりの子どもの発達を一貫性を持って見通し，それぞれに適した計画的な保育を行うため，入所しているすべての子どもを対象とし，子どもの生活全体をとらえて編成します。編成の責任は施設長にありますが，全職員が参加し，共通理解と協力体制のもとに，創意工夫して編成されることが大切です。それによって，保育所の保育全体が組織性と計画性のあるものとなるのです。なお，保健計画，食育計画も「全体的な計画」に基づき作成しなければなりません。

　指導計画とは，「全体的な計画」に基づいて，保育目標や保育方針を具体化する実践計画で，長期的指導計画（年，期，月）と短期的指導計画（週，日）があります。それぞれの期間のねらいや内容，環境構成，予想される子どもの姿や活動，保育士の援助等を見通して作成されますが，実際の子どもの姿に応じて柔軟に修正や変更をし，子どもと一緒に環境を再構成しつつ，子ども自らが主体的に環境に関われるような援助をしていくことが大切です。したがって，指導計画の作成は，必ず，子どもの育ちや内面の理解からはじまります。

　保育の改善には，自らの保育をふり返り自己評価することが必要ですが，その中心的な材料となるのが保育の記録です。記録をつけることで，保育中には気づかなかった子どもの内面の育ちを理解したり，自らの保育を意識化したりすることができるのです。そして，そのときの環境構成や援助が適切であったかどうかを客観的にとらえ直し，自己評価することが，保育の改善と専門性の向上につながります。

　自己評価には，個々の保育士が行うものと保育所全体で行うものがあります。個々の保育士が行う自己評価では，自己の保育のふり返りやカンファレンス等を通して互いに学び合い，自己の課題を明確にすること，保育所全体の保育の内容への理解を深めることが大切です。と同時に，自己評価を保育士個人の保育の改善や専門性の向上にとどめることなく，保育所の全体の保育の質や専門性の向上に結びつけていくことも大切です。保育所全体で行う自己評価は，施設長のリーダーシップのもと，保育の計画の展開や個々の保育士が行う自己評価をふまえ，さらに，第三者評価や保護者および地域住民等の意見を参考にしながら，各保育所が地域の実情や保育所の実態に即して適切な評価の観点や項目を設定します。

❖資質の向上

　保育士には高い専門性，人間性，そして倫理性が不可欠であり，それらを身に
つけ高めるためには，つねに自己研鑽と研修が必要です。さらに，今後は，個々
の保育士が，組織の一員としての役割と責任を自覚し，保育の内容や職務につい
て共通理解を持つように努め，保育所全体の組織性や協働性を高めることが大切
です。第４次改定においても１つの章（第５章）を設け，自己研鑽や研修，研修
体制の確立等に対する施設長の責務等について示しているのは，１人ひとりの保
育士の資質の向上を図るとともに，それにより，各保育所の組織としての力，す
なわち，保育の質を向上させようとする意図の現れです。乳幼児期という人生の
重要な時期にたずさわる保育士や保育所に，社会からより多くの期待が寄せられ
ているのです。

【参考文献】
- 泉千勢，一見真理子，汐見稔幸（編）『未来への学力と日本の教育9　世界の幼児教育・保育改革と学力』明石書店，2008
- ジェームズ・ヘックマン（著）　古草秀子（訳）『幼児教育の経済学』東洋経済新報社，2015
- 国立大学法人お茶の水女子大学（協力：全国国立大学附属学校連盟幼稚園部会）『幼児期の非認知的な能力の発達をとらえる研究—感性・表現の視点から—』2016
- 無藤隆，汐見稔幸，砂上史子『ここがポイント！3法令ガイドブック—新しい「幼稚園教育要領」「保育所保育指針」「幼保連携型認定こども園教育・保育要領」の理解のために—』フレーベル館，2017
- 民秋言編集代表『幼稚園教育要領・保育所保育指針・幼保連携型認定こども園教育・保育要領の成立と変遷』萌文書林，2017
- 大宮勇雄，川田学，近藤幹生，島本一男（編）『どう変わる？何が課題？現場の視点で新要領・指針を考えあう』ひとなる書房，2017
- 内閣府・文部科学省・厚生労働省『「幼保連携型認定こども園教育・保育要領，幼稚園教育要領，保育所保育指針の中央説明会」資料』2017年7月

Lesson 05 『保育所保育指針』における乳児保育のポイント①

　保育士には，保育所保育指針（以下，指針）の内容をしっかりと理解することが求められています。Lesson05とLesson06では，0・1・2歳児の保育に関連する事項を中心に，指針の内容をとらえていきます。

　なお，指針で見られる表現について，以下のように置き換えて論じていきます[1]。

「乳児保育」→0歳児保育

「乳児」→0歳児

「1歳以上3歳未満児の保育」→1歳児・2歳児の保育

「1歳以上3歳未満児」→1歳児・2歳児

> [1] 指針における「乳児保育」は0歳児のことを指している。本テキストでは，「乳児保育」の範囲を，0歳児保育だけでなく1歳児・2歳児の保育にも広げて扱っている。よって，指針においても，0・1・2歳児に関する事項を取り上げる。

01 ｜ 改定された保育所保育指針

　2017（平成29）年3月31日，新しい指針が告示されました[2]。幼稚園教育要領と幼保連携型認定こども園教育・保育要領も改訂となり，同日告示されました。告示日の足並みが揃っただけでなく，その内容においても努めて共通化が図られた点が大きな特徴のひとつといえます。指針で示されている0・1・2歳児の保育に関連する事項は，幼保連携型認定こども園教育・保育要領でもほぼ同様に示されています。

> [2] 詳しくは，Part1理論編のLesson04を参照のこと。

❖ 0・1・2歳児の保育に関する事項の充実

　指針の改定のポイントのひとつは，0・1・2歳児の保育に関する事項が充実したことです。今日，保育所等に通う0・1・2歳児が急増している状況を受けて，対策を講じたものとも理解できます。これまでの指針（平成20年告示。以下，旧指針）でも，0・1・2歳児の保育に関連する事項の記載がなかったわけではありませんが，限定的な印象でした。たとえば新指針の「第2章　保育の内容」において，0歳児，1歳児・2歳児，3歳以上児の保育について，それぞれ「ねらい及び内容」を記載し，それぞれにほぼ同等の紙幅が割かれています。旧指針では，3歳以上児が中心に位置づく印象がありましたので，0・1・2歳児の事項が充実した形となりました。

　ちなみに，旧指針の「第2章　子どもの発達」では，「おおむね6か月未満」「おおむね6か月から1歳3か月未満」「おおむね1歳3か月から2歳未満」「おおむ

ね2歳」などと、子どもの発達の過程について記していました。新指針では、そうした章はなくなりましたが、「第2章　保育の内容」の中に発達の過程を盛り込んで記載しています[3]。

3) 指針についての詳しい解説として、厚生労働省発行の『保育所保育指針解説』がある。「第2章　保育の内容」の解説部分で、0歳児、1歳児・2歳児、3歳以上児について、それぞれの時期の姿について述べられている。参考にされたい。

保育所保育指針（平成20年厚生労働省告示）

目次
第1章　総則
　1　趣旨
　2　保育所の役割
　3　保育の原理
　4　保育所の社会的責任
第2章　子どもの発達
　1　乳幼児期の発達の特性
　2　発達過程
第3章　保育の内容
　1　保育のねらい及び内容
　2　保育の実施上の配慮事項
第4章　保育の計画及び評価
　1　保育の計画
　2　保育の内容の自己評価
第5章　健康及び安全
　1　子どもの健康支援
　2　環境及び衛生管理並びに安全管理
　3　食育の推進
　4　健康及び安全の実施体制等
第6章　保護者に対する支援
　1　保育所における保護者に対する支援の基本
　2　保育所に入所している子どもの保護者への支援
　3　地域における子育て支援
第7章　職員の資質向上
　1　職員の資質向上に関する基本的事項
　2　施設長の責務
　3　職員の研修等

→

保育所保育指針（平成29年厚生労働省告示）

目次
第1章　総則
　1　保育所保育に関する基本原則
　2　養護に関する基本的事項
　3　保育の計画及び評価
　4　幼児教育を行う施設として共有すべき事項
第2章　保育の内容
　1　乳児保育に関わるねらい及び内容
　　（健やかに伸び伸びと育つ、身近な人と気持ちが通じ合う、身近なものと関わり感性が育つ）
　2　1歳以上3歳未満児の保育に関わるねらい及び内容
　3　3歳以上児の保育に関するねらい及び内容
　4　保育の実施に関して留意すべき事項
第3章　健康及び安全
　1　子どもの健康支援
　2　食育の推進
　3　環境及び衛生管理並びに安全管理
　4　災害への備え
第4章　子育て支援
　1　保育所における子育て支援に関する基本的事項
　2　保育所を利用している保護者に対する子育て支援
　3　地域の保護者等に対する子育て支援
第5章　職員の資質向上
　1　職員の資質向上に関する基本的事項
　2　施設長の責務
　3　職員の研修等
　4　研修の実施体制等

02 | 指針にみる保育所の役割

指針の「第1章　総則」の「1　保育所保育に関する基本原則」の「（1）保育所の役割」において，以下のように述べられています。

> ア　保育所は，児童福祉法（昭和22年法律第164号）第39条の規定に基づき，保育を必要とする子どもの保育を行い，その健全な心身の発達を図ることを目的とする児童福祉施設であり，入所する子どもの最善の利益を考慮し，その福祉を積極的に増進することに最もふさわしい生活の場でなければならない。
>
> イ　保育所は，その目的を達成するために，保育に関する専門性を有する職員が，家庭との緊密な連携の下に，子どもの状況や発達過程を踏まえ，保育所における環境を通して，養護及び教育を一体的に行うことを特性としている。
>
> （下線は引用者による）

「養護」と「教育」の説明は指針「第2章　保育の内容」にありますので，以下のように整理してみます。

> **養護**：子どもの生命の保持及び情緒の安定を図るために保育士等が行う援助や関わり
>
> **教育**：子どもが健やかに成長し，その活動がより豊かに展開されるための発達の援助

保育所保育の特性として説明される「養護と教育が一体」の意味について考え，それを実現していくことは，保育士にとって大きな課題であるといえます。

03 | 「第2章　保育の内容」における「ねらい」と「内容」

ここからは，指針の「第2章　保育の内容」について見ていきます。

❖保育の「ねらい」とは

章の冒頭，この章に示す「ねらい」について，以下のように説明しています（枠内の下線は，引用者による）。

> **ねらい**：第1章の1の（2）に示された保育の目標をより具体化したものであり，子どもが保育所において，安定した生活を送り，充実した活動ができるように，保育を通して育みたい資質・能力を，子どもの生活する姿から捉えたもの

Lesson05 ●『保育所保育指針』における乳児保育のポイント①

「育みたい資質・能力」について，「子どもの生活する姿から捉えた」というのは，どういうことでしょうか。たとえば，「ねらい」のひとつに以下のような文章があります。

> 身体感覚が育ち，快適な環境に心地よさを感じる。

上記の「心地よさを感じる」の主語は子どもです。このように，「ねらい」では，そのほとんどが子どもを主語にした文章になっている点が特徴です。それが，「子どもの生活する姿から捉えた」ということでしょう。一方，上記の文章にある「快適な環境」は，保育士の配慮があって実現することも読み取る必要があります。

❖保育の「内容」とは

次に，この章に示される「内容」については，以下のように説明しています。

> 内容：「ねらい」を達成するために，子どもの生活やその状況に応じて<u>保育士等が適切に行う事項</u>と，保育士等が援助して<u>子どもが環境に関わって経験する事項</u>を示したもの

「内容」は，「保育士が行う事項」と「子どもが経験する事項」がともに示されたものとされています。たとえば，「内容」のひとつに次のような文章があります。

> 保育士等の愛情豊かな受容の下で，生理的・心理的欲求を満たし，心地よく生活をする。

上記の「心地よく生活をする」の主語は，子どもです。一方，ここでもその前提には「保育士等の愛情豊かな受容」が必要だと述べられています。子どもの傍らにいる保育士には，そうした専門性の高い関わりを行うことが求められ，かつ，「心地よく生活をする」子どもを，あるべき姿として重ねて描いているといえます。

「内容」「ねらい」ともに，その文章の主語は子どもである場合がほとんどです。ですが，子どもは周囲の環境のあり方に無関係に育っていくわけではありません。保育士が適切な援助を行うことが前提にあって，子どもは望ましい経験をすることができます。つまり，子どもの傍らには，配慮深いおとなの存在が必要で，その認識をあらためて確認することが指針で強調されていると理解できるでしょう。その配慮のあり方を指針から読み取るとともに，具体的な方法については，指針を解説した厚生労働省発行『保育所保育指針解説』も参照しましょう。

Part1 理論編

Part2 実践編

Part3 アイディア集

45

04 | 求められる「個別的な計画」

　保育所においては，保育の計画を立て，それを実行した後は，その実践について省察するなどの評価が求められます。その評価に基づき，必要があれば，計画それ自体を見直すなどして，保育の質の向上に努めていくことが求められています[4]。

　0・1・2歳児の保育については，「第1章　総則」の「3　保育の計画及び評価」の「（2）指導計画の作成」のイの（ア）で，次のように述べられています。

> （ア）3歳未満児については，一人一人の子どもの生育歴，心身の発達，活動の実態等に即して，個別的な計画を作成すること。

　ここで述べられている「個別的な計画」は，単に頭の中でイメージするということではなく，文字化したうえ，記録として残すことが必要です。複数の保育士で共有するなどし，子ども1人ひとりに手厚い関わりを行うために活用します。

　こうした「個別的な計画」は，障害のある子どもに対しても行います。これについては，同じく「（2）指導計画の作成」のキで，次のように述べられています。

> キ　障害のある子どもの保育については，一人一人の子どもの発達過程や障害の状態を把握し，適切な環境の下で，障害のある子どもが他の子どもとの生活を通して共に成長できるよう，指導計画の中に位置付けること。また，子どもの状況に応じた保育を実施する観点から，家庭や関係機関と連携した支援のための計画を個別に作成するなど適切な対応を図ること。

　障害のある子どもの保育では，保護者や関係機関（医療機関，相談機関など）と連携し，1人ひとりの特性を把握して指導計画を立てることが求められています。

4）詳しくは，Part1理論編Lesson04と同じくLesson12を参照。

Memo

Lesson
06

『保育所保育指針』における乳児保育のポイント②

　Lesson06では，Lesson05に続き，2017（平成29）年３月31日に告示された保育所保育指針（以下，指針）について取り上げます。とくに保育の「ねらい及び内容」において，旧指針から大きく変更がありましたので，そのあたりに着目して見ていきます。

01 | 保育の「ねらい及び内容」の示し方—「視点」と「領域」

　指針では，０歳児の保育（「乳児保育」）に関わる「ねらい及び内容」として，以下の３つの視点に分けて述べています。

身体的発達に関する視点「健やかに伸び伸びと育つ」

社会的発達に関する視点「身近な人と気持ちが通じ合う」

精神的発達に関する視点「身近なものと関わり感性が育つ」

　上記のような「視点」は，このたびの指針で初めて登場しました。

　一方，１歳児・２歳児の保育（「１歳以上３歳未満児の保育」）に関わる「ねらい及び内容」と３歳以上児の保育に関わる「ねらい及び内容」では，いわゆる５領域に分けて論じています。５領域について，指針では以下のように説明しています。

心身の健康に関する領域「健康」

人との関わりに関する領域「人間関係」

身近な環境との関わりに関する領域「環境」

言葉の獲得に関する領域「言葉」

感性と表現に関する領域「表現」

　上記の５領域は，これまでも，指針だけでなく，幼稚園教育要領と幼保連携型認定こども園教育・保育要領において，保育の「ねらい及び内容」を整理して論じるために共通に用いられてきました。ただ，５領域というと，その内容において近年指針と幼稚園教育要領の歩み寄りが図られてきたということもあり，３歳以上児の保育をイメージさせるところがありました。今回の改定で，１歳児・２

Lesson06 ●『保育所保育指針』における乳児保育のポイント②

歳児の保育の「ねらい及び内容」を5領域で示した点，また，3歳以上児と分けて提示した点は，いずれもこれまでになかった新しい試みといえます。

02 | 保育の「ねらい及び内容」を年齢別にとらえる①

　1歳児・2歳児の「保育のねらい及び内容」と3歳以上児の「保育のねらい及び内容」は，それぞれ5つの領域に分けて提示されましたので，その違いを比較しながら読み取ってみましょう。一方，0歳児保育の「ねらい及び内容」で先述した3つの視点は，それぞれ特定の領域と対応するものではないようです。こうした前提をふまえつつも，領域「健康」を例に挙げると，0歳児の視点「健やかに伸び伸びと育つ」とは関連がありそうに見えます。そこで，視点「健やかに伸び伸びと育つ」と領域「健康」に関係する「ねらい及び内容」を年齢別に並べてながめてみましょう（表6−1）。

❖年齢別の「内容」にみる子どもの姿の変化と保育士の関わり

　「内容」において，たとえば運動発達に関連する事項を拾ってみると，0歳児では，「はう，立つ，歩く」（②），1歳児・2歳児では，「走る，跳ぶ，登る，押す，引っ張る」（③），3歳以上児では，「いろいろな遊びの中で十分に体を動かす」（②），「進んで戸外で遊ぶ」（③）と変化していく姿が読み取れます（網掛け部分参照）。

　基本的生活習慣として，衣服の着脱に関連する事項を拾ってみると，0歳児では「おむつ交換や衣服の着脱などを通じて，清潔になることの心地よさを感じる」（⑤）姿があります。1歳児・2歳児では，「保育士等の助けを借りながら，衣類の着脱を自分でしようとする」（⑥）姿があります。まさに，保育士の援助により実現する子どもの姿です。3歳以上児になると，「身の回りを清潔にし，衣服の着脱，食事，排泄などの生活に必要な活動を自分でする」（⑦）姿になります（網掛け部分参照）。そうした子どもの発達を支えるために，子どもの姿に応じて言葉をかけたり，子どもの意欲を引き出すような工夫をしたりするなど，多様な配慮が求められます（そのほか，各項目を比較しながらさまざまな発見をしてみましょう）。

Part1 理論編

Part2 実践編

Part3 アイディア集

49

表6−1　保育内容を年齢別にとらえる①領域「健康」を中心に（志村作成。網掛けは志村による）

0歳児 健やかに伸び伸びと育つ	1歳児・2歳児 健康	3歳以上児 健康
健康な心と体を育て，自ら健康で安全な生活をつくり出す力の基盤を培う。	健康な心と体を育て，自ら健康で安全な生活をつくり出す力を養う。	健康な心と体を育て，自ら健康で安全な生活をつくり出す力を養う。
（ア）ねらい ① 身体感覚が育ち，快適な環境に心地よさを感じる。 ② 伸び伸びと体を動かし，はう，歩くなどの運動をしようとする。 ③ 食事，睡眠等の生活のリズムの感覚が芽生える。	（ア）ねらい ① 明るく伸び伸びと生活し，自分から体を動かすことを楽しむ。 ② 自分の体を十分に動かし，様々な動きをしようとする。 ③ 健康，安全な生活に必要な習慣に気付き，自分でしてみようとする気持ちが育つ。	（ア）ねらい ① 明るく伸び伸びと行動し，充実感を味わう。 ② 自分の体を十分に動かし，進んで運動しようとする。 ③ 健康，安全な生活に必要な習慣や態度を身に付け，見通しをもって行動する。
（イ）内容 ① 保育士等の愛情豊かな受容の下で，生理的・心理的欲求を満たし，心地よく生活をする。 ② 一人一人の発育に応じて，はう，立つ，歩くなど，十分に体を動かす。 ③ 個人差に応じて授乳を行い，離乳を進めていく中で，様々な食品に少しずつ慣れ，食べることを楽しむ。 ④ 一人一人の生活のリズムに応じて，安全な環境の下で十分に午睡をする。 ⑤ おむつ交換や衣服の着脱などを通じて，清潔になることの心地よさを感じる。	（イ）内容 ① 保育士等の愛情豊かな受容の下で，安定感をもって生活をする。 ② 食事や午睡，遊びと休息など，保育所における生活のリズムが形成される。 ③ 走る，跳ぶ，登る，押す，引っ張るなど全身を使う遊びを楽しむ。 ④ 様々な食品や調理形態に慣れ，ゆったりとした雰囲気の中で食事や間食を楽しむ。 ⑤ 身の回りを清潔に保つ心地よさを感じ，その習慣が少しずつ身に付く。 ⑥ 保育士等の助けを借りながら，衣類の着脱を自分でしようとする。 ⑦ 便器での排泄に慣れ，自分で排泄ができるようになる。	（イ）内容 ① 保育士等や友達と触れ合い，安定感をもって行動する。 ② いろいろな遊びの中で十分に体を動かす。 ③ 進んで戸外で遊ぶ。 ④ 様々な活動に親しみ，楽しんで取り組む。 ⑤ 保育士等や友達と食べることを楽しみ，食べ物への興味や関心をもつ。 ⑥ 健康な生活のリズムを身に付ける。 ⑦ 身の回りを清潔にし，衣服の着脱，食事，排泄などの生活に必要な活動を自分でする。 ⑧ 保育所における生活の仕方を知り，自分たちで生活の場を整えながら見通しをもって行動する。 ⑨ 自分の健康に関心をもち，病気の予防などに必要な活動を進んで行う。 ⑩ 危険な場所，危険な遊び方，災害時などの行動の仕方が分かり，安全に気を付けて行動する。

Lesson06 ●『保育所保育指針』における乳児保育のポイント②

03 | 保育の「ねらい及び内容」を年齢別にとらえる②

　次に，領域「人間関係」を中心に見てみます。この際，０歳児では，視点「身近な人と気持ちが通じ合う」の「ねらい及び内容」を並べてみることにします（表６−２）。

❖年齢別の「内容」にみる子どもの姿の変化と保育士の関わり

　０歳児の「内容」のひとつに，「子どもからの働きかけを踏まえた，応答的な触れ合いや言葉がけによって，欲求が満たされ，安定感をもって過ごす」（①）とあります。ここでも，保育士からの「子どもからの働きかけ」を見落とさない「応答的な」関わりがあってこそ，「安定感」が育てられると読み取れます。１歳児・２歳児の「内容」でも，「保育士等の受容的・応答的な関わりの中で，欲求を適切に満たし，安定感をもって過ごす」（②）姿があります。同様に「保育士等や周囲の子ども等との安定した関係の中で，共に過ごす心地よさを感じる」（①）姿もあり，保育士の配慮により，「周囲の子ども」たちとの関係にも広がりが出てきます。３歳以上児では，「保育士等や友達と共に過ごすことの喜びを味わう」（①）姿となり，友達の存在が大きな位置を占めてきます（網掛け部分参照）。こうした子どものたくましい発達に，傍らの保育士の配慮に満ちた多様な関わりが欠かせないと読み取ることができます。

　０歳児の「内容」で，「保育士等による語りかけや歌いかけ，発声や喃語等への応答を通じて，言葉の理解や発語の意欲が育つ」（④）とあります。こうした「内容」は，領域「言葉」の「内容」に続いていくものと理解できますし，領域「表現」にも通じます。

　保育士と気持ちの通じ合う多様な経験は，その後の諸能力の発達の基礎となると考えられます。今日，非認知能力（好奇心，忍耐力，社会性など）を乳幼児期に育てることが，その子どもの生涯の認知能力（学力）を育てる基礎となると考えられるようになりました。そうした新しい知見が指針の考え方の背景にあると理解できます（そのほか，各項目を比較しながらさまざまな発見をしてみましょう）。

表6-2　保育内容を年齢別にとらえる②領域「人間関係」を中心に（志村作成。網掛けは志村による）

0歳児 身近な人と気持ちが通じ合う	1歳児・2歳児 人間関係	3歳以上児 人間関係
受容的・応答的な関わりの下で，何かを伝えようとする意欲や身近な大人との信頼関係を育て，人と関わる力の基盤を培う。	他の人々と親しみ，支え合って生活するために，自立心を育て，人と関わる力を養う。	他の人々と親しみ，支え合って生活するために，自立心を育て，人と関わる力を養う。

0歳児

（ア）　ねらい
① 安心できる関係の下で，身近な人と共に過ごす喜びを感じる。
② 体の動きや表情，発声等により，保育士等と気持ちを通わせようとする。
③ 身近な人と親しみ，関わりを深め，愛情や信頼感が芽生える。

（イ）　内容
① 子どもからの働きかけを踏まえた，応答的な触れ合いや言葉がけによって，欲求が満たされ，安定感をもって過ごす。
② 体の動きや表情，発声，喃語等を優しく受け止めてもらい，保育士等とのやり取りを楽しむ。
③ 生活や遊びの中で，自分の身近な人の存在に気付き，親しみの気持ちを表す。
④ 保育士等による語りかけや歌いかけ，発声や喃語等への応答を通じて，言葉の理解や発語の意欲が育つ。
⑤ 温かく，受容的な関わりを通じて，自分を肯定する気持ちが芽生える。

1歳児・2歳児

（ア）　ねらい
① 保育所での生活を楽しみ，身近な人と関わる心地よさを感じる。
② 周囲の子ども等への興味や関心が高まり，関わりをもとうとする。
③ 保育所の生活の仕方に慣れ，きまりの大切さに気付く。

（イ）　内容
① 保育士等や周囲の子ども等との安定した関係の中で，共に過ごす心地よさを感じる。
② 保育士等の受容的・応答的な関わりの中で，欲求を適切に満たし，安定感をもって過ごす。
③ 身の回りに様々な人がいることに気付き，徐々に他の子どもと関わりをもって遊ぶ。
④ 保育士等の仲立ちにより，他の子どもとの関わり方を少しずつ身につける。
⑤ 保育所の生活の仕方に慣れ，きまりがあることや，その大切さに気付く。
⑥ 生活や遊びの中で，年長児や保育士等の真似をしたり，ごっこ遊びを楽しんだりする。

3歳以上児

（ア）　ねらい
① 保育所の生活を楽しみ，自分の力で行動することの充実感を味わう。
② 身近な人と親しみ，関わりを深め，工夫したり，協力したりして一緒に活動する楽しさを味わい，愛情や信頼感をもつ。
③ 社会生活における望ましい習慣や態度を身に付ける。

（イ）　内容
① 保育士等や友達と共に過ごすことの喜びを味わう。
② 自分で考え，自分で行動する。
③ 自分でできることは自分でする。
④ いろいろな遊びを楽しみながら物事をやり遂げようとする気持ちをもつ。
⑤ 友達と積極的に関わりながら喜びや悲しみを共感し合う。
⑥ 自分の思ったことを相手に伝え，相手の思っていることに気付く。
⑦ 友達のよさに気付き，一緒に活動する楽しさを味わう。
⑧ 友達と楽しく活動する中で，共通の目的を見いだし，工夫したり，協力したりなどする。
⑨ よいことや悪いことがあることに気付き，考えながら行動する。
⑩ 友達との関わりを深め，思いやりをもつ。
⑪ 友達と楽しく生活する中できまりの大切さに気付き，守ろうとする。
⑫ 共同の遊具や用具を大切にし，皆で使う。
⑬ 高齢者をはじめ地域の人々などの自分の生活に関係の深いいろいろな人に親しみをもつ。

Lesson06 ●『保育所保育指針』における乳児保育のポイント②

04│さまざまな意味が混然一体となっている子どもの生活

　「第2章　保育の内容」では，0歳児では3つの視点，それ以上の年齢の子どもでは5領域に分けて「ねらい及び内容」が述べられています。それはおとなが整理して理解するためであって，実際の保育は言ってみれば混然一体であり，かつ豊かに展開しています。「この経験は領域『言葉』と領域『表現』に関係している」とか，「この遊びは3つの視点すべてに関連している」などと，子どもの生活や遊びにおいては，複数の視点や領域が関連し合っていることの方が多いといえます。指針「第1章　総則」の「1　保育所保育に関する基本原則」の「（3）保育の方法」の「オ」で，「乳幼児期にふさわしい体験が得られるように，生活や遊びを通して総合的に保育すること」としているのは，視点や領域等の区分を理解しつつも区分を超えて保育を発想することの大切さを伝えています。

Part1　理論編

Part2　実践編

Part3　アイディア集

53

05 | まとめにかえて—大切にしたい「養護」

　Lesson04で，指針において保育所保育は「養護と教育を一体となって行う」と説明されていることに触れました。指針の「第2章　保育の内容」で，その章について「主に教育に関わる側面からの視点を示しているが，実際の保育においては，養護と教育が一体となって展開されることに留意する必要がある」と述べ，「養護と教育が一体」である保育所のあり方が強調されています。

　このLessonでは，新指針の「第2章　保育の内容」を中心に見てきました。旧指針から大きく変更があったことから取り上げましたが，上記にあったように，「教育に関わる側面」の充実が図られた部分と理解できます。「教育に関わる側面」の充実の背景には，保育所も「幼児教育を行う施設」として位置づけたい厚生労働省の意図もあるでしょう。とはいえ，とくに0・1・2歳児の保育においては，「生命の保持及び情緒の安定」という「養護」の面こそ重要です。「養護」の関わりによって満たされた子どもは，自ら育とうとする意欲を獲得します。子どもの成長について見通しを持つことは重要ですが，成長を急いで促すよりも，現在の姿を温かく受容する関わりこそ，むしろ教育的な効果があるともいえるのです。指針にある「養護と教育が一体」の意味を考究していきましょう。

❖求められる保育士像—応答的・受容的な関わり

　指針「第2章　保育の内容」では，各視点・各領域において，「内容の取扱い」という項が設けられています。それとは別に，「保育の実施に関わる配慮事項」という項も各年齢において設けられています。0・1・2歳児という年齢に鑑み，安全管理等気をつけるべき事項については『保育所保育指針解説』も用いて，念入りに確認しましょう。

　こうした事項のなかでくり返し登場するのが，「応答的」「受容的」という言葉で，先に取り上げた「内容」にも見られました。子どもの発するどんな小さなサインも見逃さず，温かく応じる保育士，子どものどんな姿も受け入れて愛情深く接する保育士，そうした保育士の姿が求められています。保育士の温かな関わりにより，子どもが自己肯定感を得ること，このことが子どもの生涯の基礎となっていくのです。

Lesson06 ●『保育所保育指針』における乳児保育のポイント②

【参考文献】 ・中室牧子『「学力」の経済学』ディスカヴァー・トゥエンティワン，2015
　　　　　　　・ジェームズ・J・ヘックマン（著）　古草秀子（訳）『幼児教育の経済学』東洋経済新
　　　　　　　　報社，2015
　　　　　　　・無藤隆，汐見稔幸，砂上史子『ここがポイント！3法令ガイドブック―新しい「幼
　　　　　　　　稚園教育要領」「保育所保育指針」「幼保連携型認定こども園教育・保育要領」の理
　　　　　　　　解のために―』フレーベル館，2017

Part1　理論編

Part2　実践編

Part3　アイデア集

Album 02 せんせい，あそぼうよ

　先生方は，楽しい遊びをたくさん知っています。一緒に遊んで，子どもたちの経験を広げます。

▲大判のタオルケットを使って，ブランコをします。

▲あ，揺れているブランコに，小さいお顔が見えています。傍らで見ている子どもも，やりたくなってきたようです（0歳児クラス，9月）。

▲先生も子どもたちもお馬になりました。歩けるようになった子どもも，一緒にお馬になってハイハイします（0歳児クラス，10月）。

▲一本橋を渡ります。でも，まだ怖くてしり込みする子どももいます。それぞれの思いを受け止めて，援助します（1歳児クラス，1月）。

Memo

Lesson 07 人生の基礎としての乳児期
——ポルトマンの考え方に学ぶ

　ウマやウシの生まれたての赤ちゃんのようすを見たことがありますか。生まれ落ちてまもなく自分の足で立ち上がり，自力で母親の乳を吸いにいきます。そして，そのからだつきは，成長したウマやウシによく似ています（左下写真参照）。

　人間の新生児は，近年，多様な能力を持つことが明らかになってきましたし，多くの可能性をその内側に秘めていることは，みなさんもこれまでの体験や経験からよくおわかりになると思います。しかし，人間の新生児は，自分のからだを自分で支えることはできませんし，自力で母親の乳房にたどりつくこともできません。生きるためには，誰かに頼るしかない存在として生まれてきます。そして，からだの各部分の比率も，子どもが4頭身（右下写真参照）で成人が7～8頭身[1]とされていますので，子どもと成人とでは大きく異なります。

▲ウマの親子。身体の比率は親馬と子馬でほぼ同じ　　▲人間の赤ちゃんは4頭身

　このように人間の新生児と人間以外の高等哺乳類の新生児の状態には大きな違いがありますが，その違いに着目して，人間の新生児の特性を明らかにしようとした人にアドルフ・ポルトマン（Adolf Portmann　1897-1982）[2]がいます。

　このLessonでは，ポルトマンの考え方を中心にしながら，人間の生まれてから乳児期までの意味について考えてみましょう。

[1] Part1理論編のLesson10にも子どもと成人のからだの違いの説明があるので，あわせて参照のこと。

[2] 『人間はどこまで動物か―新しい人間像のために』（アドルフ・ポルトマン著，高木正孝訳，岩波書店，1961年）より。

01 | 高等哺乳類の新生児
――「巣立つもの」と「巣に座っているもの」

　ポルトマンは，哺乳類の新生児の状態を，「巣立つもの（離巣性）」と「巣に座っているもの（就巣性）」の2つに分類しました。

　「巣立つもの（離巣性）」とは，妊娠期間が長く，姿や行動がその親によく似た状態で生まれてくる新生児を指します。母胎内での発育期間が長いので，生まれたときには，すでに発達した感覚器官を持ち，高い運動能力を持っています。そのため，一度に生まれてくる子どもの数は1～2匹と少なくなります。たとえば，ウマやウシのような有蹄類，猿類，アザラシ，クジラなどがここに分類されます。

　次に，「巣に座っているもの（就巣性）」とは，妊娠期間が短く，生まれたときに体毛が生えておらず，感覚器官は閉じられた状態で生まれてくる新生児を指します。一度に生まれてくる子どもの数は多く，たとえば，ネズミのようなげっ歯類（右下写真参照），鳥類などがここに分類されます。

　高等哺乳類の新生児は，発達した感覚器官と運動能力を持って生まれてくるウマやウシの例でわかるように，「巣立つもの」に分けられます。長い妊娠期間を経て，その種に割りあてられた環境に適するよう母胎内で発達して生まれてくるのです。それでは，ウマやウシと同じ高等哺乳類である人間の新生児はどのように考えられているのでしょうか。

　人間は，妊娠期間が長く，また，生まれたときの体重が重いことから，神経系やそれを支えるからだの発達が進んでいることがわかります。ですので，ほかの高等哺乳類と同じように考えれば，立って歩いたり，ことばを話したりできる状態で生まれてくることになります。しかし，先程も触れたように，人間の新生児はなにもできない状態で生まれてきます。ほかの高等哺乳類と同じように神経系や感覚器官の発達は進んでいるのに，生まれてきた状態は「巣に座っているもの」のようになにもできません。このような人間の新生児の状態を，ポルトマンは「二次的＝巣に座っているもの」と呼びました。

▲げっ歯類（ネズミ）の赤ちゃん

02 | 「生理的早産」とは
——直立姿勢，言語，洞察力ある行為

　人間の新生児が，人間以外の高等哺乳類の新生児に比べなにもできない状態で生まれてくる，というときの「なにもできない」とは，一体なにを基準に比較しているのでしょうか。

　ポルトマンは，比較の基準を，その種の成育した個体が持つ，その種を特徴づける存在様式においています。たとえばウマでしたら，4足で立って歩くことや餌の食べ方などになり，ウマの新生児は，誕生したときにはすでにそれらの方法を身につけています。そして，ポルトマンが，人間という種を特徴づける存在様式として挙げているのが，直立姿勢，言語，洞察力ある行為[3]です。

　人間の子どもが，直立姿勢，言語（最初のことばの口まね），洞察力ある行為を行いはじめるのは生後1年ごろですから，3つの存在様式を母胎内で身につけて生まれてこようとすれば，さらに1年間の妊娠期間が必要なことになります。このことから，人間の子どもは，人間以外の高等哺乳類よりも1年早く生まれてしまった「生理的早産」であると考えられるのです。

03 | 「生理的早産」であることの意味

　おとなの手助けがなければ移動することも食べものを得ることもできない状態で生まれてくるということは，人間にとってどのような意味があるのでしょうか。

　人間以外の高等哺乳類は，長い期間を母胎のなかで過ごし，誕生後にその種として生きていくために必要な能力の多くを身につけて生まれてきます。誕生後に身につけなければならないことはわずかですから，たとえウマが人間に育てられてもウマになることができます。しかし，環境への順応性が人間のように高くないため，生活できる環境は限られたものになりますし，なにか新しい能力を身につけることもできません。

　一方，人間は，人間以外の高等哺乳類が母胎のなかで過ごしている時期に，すでに，周囲の人間やもの，こと，自然など豊かな環境のなかに置かれ，それらとの関わりを通して刺激を受け，生まれたときに秘めていた多くの可能性を開花させ，さまざまな能力を身につけていきます。そして，その結果，人間社会で生きていくことのできる存在となるのです。人間が生活している環境は多種多様ですが，おとなに頼らなければ生きていけない「生理的早産」であるからこそ，生ま

[3]「洞察力ある行為」とは，異なる状況のなかに，意味のつながりや関わりを見抜いて理解すること，異なる状況のなかに，似たような状況を認識し，問題解決を図るような行為のこと，状況を理解したうえでの模倣などである。

れ落ちた環境に柔軟に適応する能力を持つことができたのです。この能力のことを，可塑性（かそせい）といいます。これは，言語について考えるとわかりやすいでしょう。人間の新生児は，生まれたときに言語を理解し，用いる可能性を持っています。しかし，どのような言語を話すようになるかは，育ててくれる人が使っている言語により異なります。そして，人との関わりのなかで，特定の言語を用いる能力を身につけていきます。

04｜「生理的早産」から学ぶこと

　ここで大切なことは，人間の子どもが持つ多くの可能性を開花させ，社会的存在とするためには，人間をはじめとする周囲の環境との関わりが不可欠だということです。人間が人間として生きていくための基礎を身につける乳児期の子どもたちに，どのような環境を用意することができるのか，このことをしっかりと考えることが私たちには求められています。

【参考文献】　・竹下秀子『赤ちゃんの手とまなざし』岩波書店，2001
　　　　　　・小西行郎『赤ちゃんと脳科学』集英社，2003
　　　　　　・榊原洋一『子どもの脳の発達 臨界期・敏感期』講談社，2004

Lesson 08 乳児のこころの発達
——身近な人との絆を育む過程

01 | 能動的存在である赤ちゃん

　赤ちゃんは生まれたときから，能動的な存在であることが最近の研究から明らかになってきました。従来いわれてきたような受動的で無力な存在では決してなく，赤ちゃんは主体的に環境（人やもの）に働きかけて成長・発達していくというのです。すでに胎児期には感覚器官を発達させ，誕生直後から高い認知能力を持っているとまでいわれています[1]。確かに誕生後，しばらくは生得的な原始反射[2]で外界からの刺激を取り入れるのですが，それさえも無力な存在ではないことを表しているようです。

　誕生直後から，赤ちゃんは積極的に環境と相互交渉（やりとり）を行い，こころを発達させていくのです。

❖「生理的微笑」で人のこころをつかむ

　とはいっても，未熟な状態で生まれてきた赤ちゃんは，周りの人たちに保護され，養育されなくては1人では生きていけません。だからでしょうか，赤ちゃんには生まれながらに，人のこころをつかむ術が備わっているように見えます。

　生まれたばかりの赤ちゃんが眠っているときに，にっこり微笑するのを見ることがあります。この微笑は「生理的微笑」といわれるものですが，赤ちゃんに「うれしい」といった感情があるわけでも，人に向けられたものでもなく，大脳皮質の未熟さが原因で起こります。でもこの微笑は，「天使のくすぐり」とか「天使のほほえみ」と言う人もいるように，周りの人たちが赤ちゃんをよりいっそう愛しいものとして受け止めるのに役立っています。

　この他者に向けられたものではない「生理的微笑」も，生後2ヵ月ごろには周りのおとながあやすと微笑む「社会的微笑」になり，赤ちゃんが周りの人と親密な関係を形成していくためのやりとりを活発なものにしていきます。

　それでは，赤ちゃんはどのように他者と親密な関係を築いていくのでしょうか。

　赤ちゃんの「人見知り」から，人との関係を見ていきましょう。

---

[1]『子どもの心の発達がわかる本』（小西行郎監修，講談社，2007年），P11より。

[2] 把握反射（手のひらを指などで押すと握りしめる）やモロー反射（大きな音をさせたり，頭を支えていた手を離すと，両上下肢で抱きしめるような姿勢をとる）など，新生児に見られる反射のことで，大脳皮質が成熟すると消失する。Part 1 理論編のLesson10でも説明しているので，あわせて参照のこと。

Lesson08 ●乳児のこころの発達

02 | 子どもの「人見知り」

■事例■　いつものように，さおりちゃんがお母さんに抱かれて保育所にやってきました。今朝は，担任のちか先生がたまたま近くにいなかったので，新任のあき先生が「おはよう，いらっしゃい」と，さおりちゃんに手を伸ばしました。でも，さおりちゃんは顔をこわばらせて，お母さんから離れようとはしません。それどころか，お母さんの胸に顔を埋めてしまいました。
　ところが，ちか先生が声をかけると，さおりちゃんはすぐにちか先生に抱かれました。

さおりちゃんは生後7ヵ月，そろそろ人見知りがはじまっているようです。

❖「人見知り」はなぜ起こるの？

こうした「人見知り」は，生後5，6ヵ月ごろから2歳ごろまで，多くの赤ちゃんに見られます。その理由についてはいろいろな解釈があるようですが，一般的には，いつも自分の身近にいて世話をしてくれたり遊んでくれたりする人が愛着の対象として特別な存在になるとともに，赤ちゃんに「見慣れた顔」と「見慣れない顔」との違いを認識する力が育ってくるからだといわれています。

担当のちか先生は，あき先生に顔をこわばらせたさおりちゃんが自分にすんなりと抱かれたことに，ちょっと誇らしい気持ちになったことでしょう。なぜなら，ちか先生はさおりちゃんに愛着の対象として認められたということになるからです。

ところで，愛着とはなんでしょう。

愛着とは，赤ちゃんと特定の人（養育者）との間に形成される愛情の絆のことで，養育者と赤ちゃんとの親密な相互交渉を通して形成されます。

❖愛着はどのように形成されるのか

それでは，愛着がどのように形成されるのかを見ていきましょう。

赤ちゃんは誕生直後から生後3ヵ月ごろまで，まだ特定の人とそれ以外の人との区別がついていませんので，誰に対しても働きかけるし，誰の働きかけにも反応します。泣いているときに誰かの声を聞いたり顔を見たりすると，それが誰であろうと泣きやむことが多くなります。

そして生後3ヵ月から6ヵ月ごろまでは，母親のような特定な人とそれ以外の人とを聴覚的にも視覚的にも区別できるようになり，特定な人に対して，より親密に反応するとともに自分からも働きかけます。

Part1 理論編

Part2 実践編

Part3 アイディア集

ついで2歳ごろまでは，母親のような特定の人とそれ以外の人との区別がいっそうはっきりしたものとなり，母親が部屋から出て行くと「泣き叫ぶ」「後を追う」といった行動を示したり，泣いているときに母親以外の人があやしても泣きやまないのに，母親があやすとすぐに泣きやんだりするようになります。一方で，母親を安全基地として，好奇心から探索行動を活発にします。また愛着の対象を，父親やきょうだい，祖母などに広げていきますが，それ以外の見知らぬ人に対してはおそれや警戒心を抱きます。

その後3歳ごろからは，子どもは母親と離れていても自分と母親との関係が存続していることを理解できるようになるので，いつも一緒にいなくても平気になります。また母親の行動の意味を理解し，その目的を洞察できるようになるので，それに合わせて自分の行動を修正しようと考えるようにもなります。

こうして子どもはその後，この愛着を基盤として，ほかのおとなとの関係や仲間関係を広げていくことができるのです。

さらにいえば，この愛着の形成は，赤ちゃんと養育者との信頼関係の形成でもあるのです。赤ちゃんが，養育者にこころからの信頼を寄せることは，これから生きていく世の中への，そして自分自身への信頼感，肯定感へとつながっていくものといえるでしょう。

❖愛着を育てるために

では，乳児保育の場で，保育者が赤ちゃんと愛着を形成するにはどうしたらいいのでしょう。まずは，赤ちゃんの働きかけ（視線，泣き声，クーイングや喃語などの発声[3]，微笑，からだの動きなど）に適切に，タイミングよく応えることが大切です。そして赤ちゃんとの相互交渉を密に行うこと，しかも保育者自身がそのやりとりを楽しんで行うことが大事です。

そのような関わりを通して，赤ちゃんは自分が愛され，大切にされていることを全身で感じ取り，次には自分の愛情を保育者に向けることができるのです。それが愛着です。

その後の対人関係に影響を与える愛着を赤ちゃんとの間に形成するために，保育者は，赤ちゃんからのどのような小さな働きかけをも見逃さずに応答し，赤ちゃんとの相互交渉を密に行ってほしいものです。

[3] クーイングや喃語などの発声は，Part1 理論編のLesson09で詳述しているので，Lesson09も参照のこと。なお，『保育所保育指針』における子どもの発声のとらえ方については，Part1理論編のLesson06を参照。

03 | 不思議な子どものこころ

　子どもに日々関わっていると，子どもの言動を不思議に感じたり，困ったこととしてしか受け止められないようなことがあります。そのようなとき，子どものこころはどうなっているのでしょう。

　ここでは，そのような子どものこころのうちを探って，どのように対応していけばよいのか考えてみましょう。

❖ 「いない　いない　ばあ」は何度でも

　生後5，6ヵ月を過ぎると，そろそろ赤ちゃんは「いない　いない　ばあ」を楽しむことができるようになります。保育者が「いない　いない」と顔を両手で隠し，「ばあ」と顔を見せると，赤ちゃんはけたけたと大喜びです。これは，赤ちゃんに「ものの永続性」が形成されたからなのです。「ものの永続性」とは，「もの」が視界から消えてなくなっても，「もの」が存続していることを理解する認知の力です。

　そのころ，保育者と愛着を形成しつつある赤ちゃんは，両手で顔を隠されても，大好きな保育者の顔を記憶していて，再び現れた顔が記憶の顔と同じであることに再認の喜びや，リズムよくくり返されるやりとりに楽しさを感じるのです。

　このおとなから見ると単純な「いない　いない　ばあ」の遊びを，赤ちゃんはくり返しくり返し楽しむので，おとなは相手をするのが大変ですが，この遊びを通して赤ちゃんに大事な知性と愛着が育っているのです。ハンカチや手近な小物なども利用して，気長につき合ってあげましょう。

　その後1歳前後ごろから，赤ちゃんは自分がカーテンの陰に隠れたり，ハンカチをかぶったりして「いない　いない　ばあ」を楽しむようになります。Part 3アイディア集のLesson01のなかでも「いない　いない　ばあ」の遊び方の例を紹介していますので，参考にしてみてください。

❖まだまだ「自分中心の世界」にいます

　子どもは2歳ごろになると，子ども同士で小さないざこざを起こすようになります。おもちゃの取り合いや，押した押さないのようなからだのぶつかり合いが多いようですが，当の子どもたちにはもちろん悪意はありません。ひとしきり泣いておしまいとなることが多いようですが，このようなときの子どものこころにはなにが起こっているのでしょうか。

　このころの子どもは，まだ相手の気持ちになって考えたり，相手の視点に立って物事を考える力が未熟です。自分の気持ちばかりで，おまけにそれさえもうまく言語化できません。自分の気持ちがすぐに行動に移ってしまいます。

　このような場面に出会ったら，子どものわがままと片づけないで，相手の気持ちや立場に立って物事を考える力を育てるいい機会だととらえ，遊んでいるおもちゃを取られたら相手はいやな気持ちがすることや，そのようなときは「貸して」と言えばいいことを，子どもに教えて欲しいのです。あるいは，いきなり叩かれたら相手はびっくりするし痛いこと，「いやだよ」と口で言えばいいことなどを，ていねいに伝えていきましょう。具体的な対応のしかたは，Part2実践編のLesson09のなかでも述べていますので，参考にしてください。

　こうした保育者の関わりは，子どもが他者の視点や立場に気づいて，他者への理解を促すことにつながっていくでしょう。

　このような子どもとの間にくり広げられる毎日の小さなエピソードの1つひとつを，「発達」という視点でとらえると，子どものためにどのような関わりが望ましいのかが見えてきます。

　このLessonでは，こころの発達を「愛着」を中心に考えましたが，知性や感情の発達などについても，「保育の心理学（発達心理学）」などでもっと詳しく勉強して，子どもの「発達」という視点を確かなものにしてください。

【参考文献】　・J.ボウルビィ（著）黒田実郎，大羽蓁，岡田洋子，黒田聖一（訳）『母子関係の理論Ⅰ　愛着行動』PP313-316，岩崎学術出版社，1976
　　　　　　　・繁多進『愛着の発達』大日本図書，1987
　　　　　　　・CHS子育て文化研究所（編）『見る・考える・創りだす　乳児保育』萌文書林，1999

Memo

Lesson 09 乳児のことばの発達
──思いを伝え合う手段を得る過程

01 | ことばの発達の道筋

■事例■　ある日の保育所でのことです。生後5ヵ月になったばかりのだいちゃんが，大好きなひとみ先生の顔をじっと見ています。今からおむつの交換です。おむつを替えようとしているひとみ先生に，だいちゃんが「うーん，うーん」となにやら話しかけています。そんなだいちゃんに気づいて，ひとみ先生は「今からおむつを替えますよ」「きれい，きれいしようね」と，手際よくおむつを交換しながら，だいちゃんに応えています。そしてあっという間に新しいおむつに替えると，「はーい，きれいになりました。気持ちいいね」と，だいちゃんににっこり。だいちゃんも，うれしそうにニコニコしています。

喃語（なんご）がそろそろ出はじめる時期のだいちゃんのようすです。ひとみ先生は，だいちゃんのことばにならない発声にしっかりと応えることができています。

ここでは，こうした乳児の「ことば」を取り上げてみましょう。

まずは，ことばの発達の道筋を見ていきます。

❖喃語は赤ちゃんの発声練習

赤ちゃんは，誕生後しばらくの間，目覚めているときは泣き声（叫喚音（きょうかん））を発するのみですが，2，3ヵ月もするとその泣き声（叫喚音）に加えて，クーイングを発するようになります。このころ，養育者が赤ちゃんに話しかけるのをやめると，クーイングをはじめるという，コミュニケーションの原型ともいうべき赤ちゃんの応答的反応が見られます[1]。その後，広範囲の音を出して楽しむ「発声遊び」[2]の時期を経て，生後6ヵ月ごろ，機嫌のよいときに「ママ」「パパパ」のような喃語が見られるようになります。これは，誰かに話しかけているというより，自分自身に話しかけているような無意味音声です。

こうして，いよいよ話しはじめる準備が整ってきました。

そして，生後7ヵ月ごろには自分の名前を呼ばれると声を出し，その1ヵ月後には，隣の部屋にいる養育者を呼んでいるような大声も出せるようになります。「いない　いない　ばあ」を楽しむことができるようになるのも，このころです。

1）鯨岡峻氏執筆の「乳児期におけるコミュニケーションの発達」（『ことばの発達入門』秦野悦子編，大修館書店，2001年）のP31より。

2）『0歳〜5歳児までのコミュニケーションスキルの発達と診断』（B. バックレイ著，丸野俊一監訳，北大路書房，2004年）のP54より。

Lesson09 ●乳児のことばの発達

❖話しているつもりのジャルゴン

　さらに生後9ヵ月ごろには、ジャルゴン[3]が出現します。ジャルゴンは抑揚パターンがあるので、まるで長い文章を話しているように聞こえますが、その実、なにを言っているのか聞き取ることはできません。でも、お母さん（養育者）は長い文章をなにやら話しているかのような赤ちゃんの成長がうれしくて、赤ちゃんのジャルゴンにも応えます。いつも世話をしているお母さんには、なんとなく意味が通じているのかもしれません。

　これと同じころ、赤ちゃんが興味のあるものを指で示して、お母さんと注意を共有する初期の「指差し」[4]も出てきます。これは、お母さん、赤ちゃん、ものの「三項関係」[5]のはじまりです。これを受けて、生後10ヵ月ごろには、簡単な「やりとり遊び」が大好きになります。お母さんが「ちょうだい」と手を差し出すと、赤ちゃんは自分の持っているおもちゃを渡すことができるようになり、お母さんの「ありがとう」のことばににっこりとします。次にお母さんが「はい、どうぞ」とおもちゃを差し出すと、赤ちゃんは笑って受け取ります。このようなおもちゃのやりとりを楽しむことが、ことばのやりとりへとつながっていくのです[6]。

❖「ママ」の一語には、たくさんの意味がある

　待ちに待った有意味語の出現は、だいたい1歳の誕生日を迎えたころです。「ママ」や「マンマ」、なかには「いや」と言う頼もしい赤ちゃんもいます。この1つの単語（一語文）で、赤ちゃんは大好きなお母さんとコミュニケーションをとります。赤ちゃんとお母さんとの間のコミュニケーションが、ことばで可能になったわけです。もっとも、まだまだ赤ちゃんの話すことばは未熟で、「ママ」の一語で、「ママ、来てちょうだい」の意味であったり、「ママ、おなかすいた」「ママ、こわいよ」の意味であったりします。でも、赤ちゃんとともに過ごすことの多いお母さんは、そのたった一語を聞いて、周りの状況や前後の関係、声の調子から意味を汲み取って、赤ちゃんの欲求に応えたり、不安を取り除いたりします。赤ちゃんは大好きなお母さん（保育者）と、このような関わ

▲生後9ヵ月くらいには、興味のある方向を「指差す」ことができるようになる。

[3] 反復喃語のようには同一音や類似音がくり返されない。音声パターンが有意味語と類似しているが十分な調音（音をつくること、構音）がむずかしいという特徴を持っている。子どもは有意味語として発しているようだが、養育者にとっては有意味語としてとらえにくいものである。

[4] 生後9〜10ヵ月ごろ、有意味語が出現する前後から見られはじめ、その後、生後11〜15ヵ月くらいまでの一語発話の時期に増加し、生後21ヵ月ごろには減少するといわれている。コミュニケーションの発達を促す。

[5]「自分」と「他者」、あるいは「自分」と「もの」という二項関係が発達したもので、「自分」と「他者」と「もの」との関係。

[6] 中島誠氏執筆の「情動的・動作的認知の発達と言語発達」（『ことばと認知の発達』中島誠・岡本夏木・村井潤一、東京大学出版会、1999年）のP98より。

りを通して，ことばの効果を実感していくのかもしれません。もちろん，お母さん（保育者）をもっともっと好きになっていく過程でもあるのです。

❖「なぜ？」「どうして？」に応えよう

　その後，赤ちゃんの語彙の数はゆるやかに増えていきますが，１歳半ごろから２歳にかけてその数は爆発的に増加し[7]，それとともに二語発話が可能になります。「まんま，ちょうだい」「わんわん，きた」のように２つの単語が結合し，好奇心もますます旺盛になってきて，２歳前後には，「これ，なーに？」の質問が増え，助詞の使用も見られるようになります（第一質問期）。さらに，２歳半を過ぎるころから，「なぜ？」「どうして？」と理由を聞くことが増え，おとなを困らせることが多くなります（第二質問期）。また，３歳前後のころには，接続詞や間投詞を使って簡単な文章を構成できるようになり（文章構成期）[8]，その後，４歳にかけて話しことばは一応の完成を迎えるのです。

7）小林春美氏執筆の「語彙の獲得」（『新・子どもたちの言語獲得』，小林春美・佐々木正人編，大修館書店，2008年）のPP94-95より。

8）『幼児のことばと知恵』（大久保愛，あゆみ出版，1975年）のPP39-46より。

02｜ことばの発達に必要な力

　ことばの簡単な発達の道筋を見てきましたが，このようにことばによるコミュニケーションが可能になるには，どのような力が赤ちゃんに備わっていないといけないのでしょうか。大きく，「音の入力と出力」「考える力」「人と関わる力」というように３つに分けて考えてみましょう。

❖音は聞こえている？　つくれる？

　まずは，「音の入力と出力（聴覚と構音器官）」を考えましょう。
　ことばが発達するためには，正常に聴覚が機能し，声を出して音をつくっていく構音器官が順調に発達していなくてはなりません。とくに気をつけたいのは，軽度や中等度，進行性の難聴の子どもです。注意深く経過を観察していないと見落としてしまいます。

❖知性は育っている？

そして「考える力（認知の発達）」も必要です。

ことばは恣意的[9]なものです。そのようなことばを巧みに使って要求や考え，感動を伝えたり，相手をコントロールしたり，自分の内的世界を整理したりするには，知的な能力が必要です。ことばは認知の発達とも密接に関係しているのです。

❖やりとりはできる？

さらに「人と関わる力（社会性）」も基礎となる大事な力です。

赤ちゃんは生まれたときから能動的です。授乳時の観察から，赤ちゃんはすでに新生児期から対話に必要な「交代の合図の理解」と「見つめ合う」ことを学習していることがわかっています[10]。口の開閉や舌の出し入れを模倣する「共鳴動作」もまた新生児期から可能です[11]。赤ちゃんは早くから，おとなに働きかけたり，応えたりという相互交渉（やりとり）を活発に行い，Lesson08で述べたように，お母さんのような，いつも傍らにいて応答してくれるおとなとの間に，信頼関係を築いていくのです。そのような基盤があってこそ，ことばの必要性を感じ，ことばを楽しむことができるようになります。人と関わっていく力もまた，言語的コミュニケーションを発達させるのに必要なものと言えましょう。

---

[9] たとえば，赤くてまるいものを「リンゴ」と呼ぶのはなぜか。「リンゴ」という音声とりんごそのものとの間にはなんら必然的な関係はない。「ことば」と「ことばによって表されるもの」との間にはなんの因果関係も必然的な関係もなく，いわば思いつきのようなものなのである。

[10] 『母子関係と子どもの性格』（小嶋謙四郎，川島書店，1969年）のP8より。

[11] 『子どもとことば』（岡本夏木，岩波書店，1982年）のP26より。

03 | ことばを育てよう

　ここまで見てきたように，ことばは人との関係のなかで育っていくものです。大好きな大事な人と気持ちを通わせながら，「話したい，聞いて」という思いがことばを紡いでいきます。大事な大好きな人は，お母さんやお父さん，家族そして保育者です。赤ちゃんのことばの育ちにおとなはどのように寄り添っていけばよいのでしょうか。そして，もし，ことばの遅れが心配な赤ちゃんがいたら，どう関わっていけばことばの発達を促すことになるのでしょう。

　次に，赤ちゃんのことばに対応する保育者の関わりを考えてみましょう。

❖ことばの前のやりとりを大切にする―前言語的コミュニケーション

　赤ちゃんが新生児期から人との「やりとり」を学習できることは，前に述べました。クーイングのはじまるころにはお母さん（保育者）とアイコンタクトも可能になって，だんだんと授乳時やおむつを替えるときに声を出すことが増えてきますが，そのようなときには，赤ちゃんの発声に応えてあげましょう。冒頭に紹介したひとみ先生とだいちゃんのように，「おむつを替えますよ」「きれい，きれいしようね」「はーい，きれいになりました」「気持ちいいね」などのことばが，赤ちゃんの発声に応えて，また保育者自身の行為に合わせて，保育者から赤ちゃんに向けて発せられると，赤ちゃんはやりとりの楽しさを知ることができます。

❖赤ちゃんの気持ちをことばにする

> ■事例■　沐浴後に果汁を飲ませてもらったあおいちゃんはとても満足そうです。あおいちゃんが一口飲むと，「おいしいね」と，かな先生。おむつを替え終わると，「ああ，すっきりしたね」と，またかな先生。あおいちゃんの気持ちになって，かな先生の口から自然とことばが出てきます。

　赤ちゃんをよく観察していると，そのときどきの赤ちゃんの気持ちがわかるようになります。まだまだことばがうまく話せない赤ちゃんの気持ちを汲み取って，赤ちゃんの代わりに保育者が赤ちゃんの思いをことばにしてあげましょう。

　このことは，子ども同士でおもちゃのトラブルが起きるようになった時期にも有効です。まだまだ十分に自分の気持ちを言語化できない子どもの要求や歯がゆい思いをことばに代えてあげると，子どもの気持ちがすとんと落ち着いて，保育者の思いが伝わりやすくなります。

❖赤ちゃんや自分の動作にことばを添える

赤ちゃんのおむつを替えるときには「さあ，おむつ替えようね」，ごはんを食べさせるときには「お口，あーんだよ」という具合に，保育者自身の行為や赤ちゃんの動作にことばを添えましょう。動作とことばのマッチングです。

❖「違うでしょ」や正しく言い直させるのは×

子どものことばの間違いを，「違うでしょ」と否定したり，正しく言い直させたりするやり方は，子どもの「話したい」という気持ちをしぼませてしまいます。そのうち正しく言えるようになるとゆったりと構えて，正しいことばを子どもの間違ったことばのあとに続けてみましょう。焦らず，根気よく。

ここで，もう一度，赤ちゃんのことばの発達にとって一番大切なことは，「話したい」「聞いて，聞いて」という赤ちゃん自身の気持ち，意欲だということをくり返しておきましょう。日々の保育のなかで，赤ちゃんが保育者のあなたに，そのような気持ちを抱くような関わりこそが必要なのです。

あなたと赤ちゃんとの関係がスタートしたときから，赤ちゃんのこころに寄り添い，赤ちゃんの気持ちに応えていくことがなによりも大切なことなのです。

【参考文献】　・竹田契一，里見恵子（編著）『インリアル・アプローチ』日本文化科学社，1994
　　　　　　・中川信子『健診とことばの相談』ぶどう社，1998
　　　　　　・岩立志津夫，小椋たみ子（編著）　柏木惠子・藤永保（監修）『言語発達とその支援』
　　　　　　　ミネルヴァ書房，2002

Column 03 人と関わる楽しさを伝える「おもちゃ」

　既製のおもちゃや手づくりのおもちゃがたくさんあるなかから，保育者はどのような視点でおもちゃを選ぶといいのでしょうか。安全性や管理上の問題等を考慮したうえで，子どもの好奇心を誘い，子どもが楽しく遊べるおもちゃを用意したいものです。
　ここでは，おもちゃの楽しさを利用して，子どもの関心をよりいっそう「おもちゃ」や「人」に向けるために，保育者がどのようにおもちゃを活用していくのかということを考えてみましょう。

❖おもちゃって楽しいよ

　人と関わって遊ぶよりも，おもちゃだけに関心が向かう子どもがいます。あるいは，人と遊ぶのでもなく，かといっておもちゃで集中して遊ぶのでもなく，なんだかぶらぶらしている子どももときおり見かけます。子どもには，1人遊びの楽しさと，人と関わりながら遊ぶ楽しさの両方を伝えていきたいと思います。
　まずは，おもちゃの楽しさを子どもに伝える方法を考えてみましょう。

❖まずは，保育者自身が楽しもう

　子どもがおもちゃに興味を示していないとき，音が出て動くおもちゃはどうでしょう。
　筆者がよく使うのが「カースライダー」（右写真参照）です。まずは，保育者自らが楽しそうに車を走らせます。滑り落ちていくときの音に，「おや？」という顔の子ども。それを視界の端にとらえても，知らん顔して「さあ，しゅっぱーつ」といって車を走らせ，「ついた」と滑ってきた車をとります。体中に「楽しい！」というオーラをいっぱい出しながら遊んでいると，興味津々と子どもが近づいてきます。

▲「カースライダー（レーベルレーベル）」（写真協力：エデュテ株式会社）

　そうしたら，「さあ，どうぞ」と車を手渡して遊びに誘います。

❖そっと指で手伝ってみましょう

　ところが，車をうまくレールに乗せることができなくて，あっさりあきらめてしまう子どももいます。2，3歳のころは，なんでも自分でやらないと気がすまない時期で，おと

なが手を出すといやがりますが，そうかといって援助がなくてはうまくできずにかんしゃくを起こしたり，あっさりあきらめたりと，なかなか手強い時期でもあります。おとなの方でも，手伝って依存心が強くなってはと見守る姿勢に回ることが多いようです。でもそうすると，楽しさや達成感を実感しないままになってしまいます。だから，「小さなお世話」はどうでしょう。この場合であれば，子どもが車をレールに乗せたと同時に，そっと指で車輪をレールの溝に合わせてやります。そうすればうまく滑り落ちて，「やったね。つきました」と声をかけると，子どもは満面の笑みになります。

❖「交代」のルールだってわかるよ

何回か「小さなお世話」をくり返していくうちに，子どもは1人でも滑らせることができるようになります。このとき，「やったね」「じょうず，じょうず」の声援も忘れないでください。そして，保育者が見守るなか，ひとしきり1人で滑らせたら，「今度は交代。先生の番です」と，保育者が素早く車を走らせます。そして，「さあ，今度はけんちゃんの番です」と，子どもが走らせるのを待ちます。このようにしてくり返しているうちに，「交代」のルールも少しずつ理解できるようになります。そのうち，友だちも寄ってきて，みんなで遊べるようになります。

ここまで，1つのおもちゃを使って，おもちゃで遊ぶ楽しさや，おもちゃを通して人と関わる楽しさを子どもに伝えるやり方のほんの一例を紹介しました。

▲「コップがさね」（写真協力：コンビ株式会社）

また，おもちゃは本来の遊び方だけではなく，いく通りにも遊ぶことができるものです。たとえば，「コップがさね」は，本来は積み重ねて遊ぶものですが，最初はクマさんをコップに入れてお風呂のようにして遊ぶことができます。また「はめ板パズル」も，「はめる」ことに関心が向かないようならば，まずは，車なら「ぶっぶーくるまがはしります」，食べ物なら「もぐもぐおいしそう」と，パーツに注目させることから始めてみましょう。1つのおもちゃから，目の前の子どもが，そのとき一番楽しめる遊び方を見つけたいものです。

▲「はめ板パズル」（写真協力：株式会社ボーネルンド）

さて，保育者のあなたは，おもちゃをどのように使って子どものこころを引きつけますか。

Lesson 10 乳児のからだ
——からだの発育と運動機能の発達

　人は，生まれてから20年近い歳月をかけて成人へと成長していきます。とくに，生まれてからの約１年間は，ほかの時期とは比べものにならないほど発育・発達し，変化をする時期といえます。このLessonでは，からだの成長，動きの発達に注目して，それぞれのようすを詳しく見ていきましょう。

01 ｜ からだの成長

❖乳児の体重と身長

　生まれたての赤ちゃんの体重は約3,000gですが，その後，めざましい成長を遂げます。表10－１に乳児期の１日の体重増加量を示しました。生後１～３ヵ月では25～30g/日，生後３～６ヵ月では20～25g/日，生後６～９ヵ月では15～20g/日，生後９～12ヵ月では10～15g/日ずつ増えていきます。また，出生時の体重と比較すると，生後３ヵ月では２倍の約6,000g，生後12ヵ月前後になると３倍の約9,000gになります。

表10－１　乳児の１日の平均体重増加量

月　　齢	１日の増加量
１～３ヵ月	25～30g
３～６ヵ月	20～25g
６～９ヵ月	15～20g
９～12ヵ月	10～15g

出典）中野綾美（編）ナーシング・グラフィカ『小児の発達と看護　第７版』P84，メディカ出版，2023

　一方，出生時の身長は約50cmですが，生後12ヵ月になると約1.5倍に成長します。このように乳児期の身長も，著しい増加を示すことが知られています。

❖乳児の体格―プロポーションの変化

　図10－１に，年齢別に見た体格の変化を示しました。胎齢２ヵ月では２頭身ですが，出生時には４頭身になります。２歳になると５頭身となり，成人するころには７～８頭身[1]になります。また，足の長さに注目すると，年齢が低いほど足の割合も低いことがわかります。つまり，乳幼児期は，おとなと比べると頭が大きく，足が短いという特徴があるといえます。子どもが転びやすいのも，こういった体形が一因していると考えられ，高いところから落下する場合は，頭から落

[1]子どもと成人の体格の違いについては，Part１理論編のLesson07でも説明しているので，あわせて参照のこと。

ちやすいので，注意が必要となります。

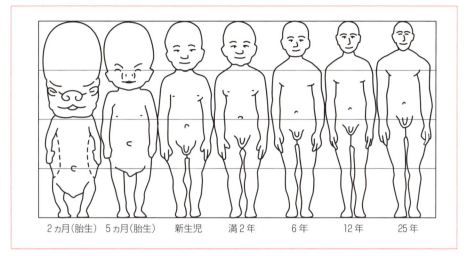

図10-1　年齢別にみた体格の変化
出典）Robbins, W.J.,Brody, S. and Hogan, A.G.,et al, Growth, New Haven:Yale University Press, 1928.

❖発育の評価

　乳児期は成長が著しい時期です。しかし，その発育のしかたは個人差が大きく，単純に平均値の大小を比較するだけでは，発育状態を正しく評価することができません。

　そこで，乳児期の発育では，パーセンタイル値[2]を用いて評価します。母子手帳にもこれを用いた評価方法が掲載されており，乳幼児の発育状態を評価するために欠かすことのできない方法となっています。

　図10-2から図10-5に身長と体重のパーセンタイル曲線を示しました。

　たとえば，図10-2より，生後9ヵ月で8kgの男児の体重は，25パーセンタイルと評価しますが，ここでいう25パーセンタイルとは，生後9ヵ月の男児が100人いたとき，軽い方から数えて25番目になることを意味します。

　また，パーセンタイル値を用いた評価では，ある月だけで評価するのではなく，前後の測定結果を用いて，総合的に発育状態を判断します。3パーセンタイル以下，または，97パーセンタイル以上の子どもは，発育に偏りがあるとみなされ，経過観察をする必要があります。しかし，このような子どもであったとしても，パーセンタイル曲線に沿った発育をしている場合は，発育上問題がない場合もあり，運動発達や言語発達，精神発達などとあわせて総合的に評価することが大切になります。

2）同じ月齢の子どもが100人いるとき，その子どもが小さい方から数えて何番目になるかを示したもの。通常3，10，25，50，75，90，97パーセンタイル値が示されている。

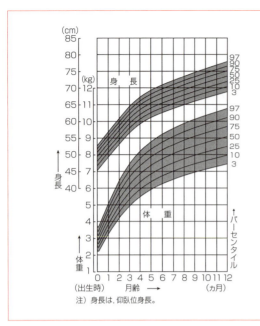

図10-2　男児の体重と身長のパーセンタイル曲線（乳児）

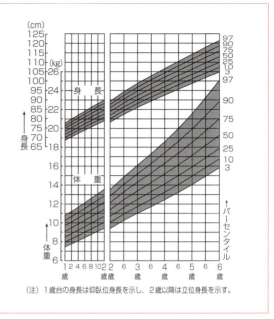

図10-3　男児の体重と身長のパーセンタイル曲線（幼児）

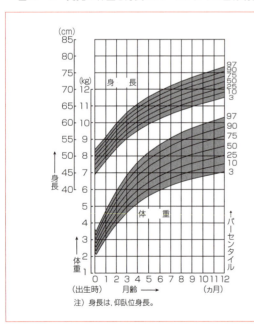

図10-4　女児の体重と身長のパーセンタイル曲線（乳児）

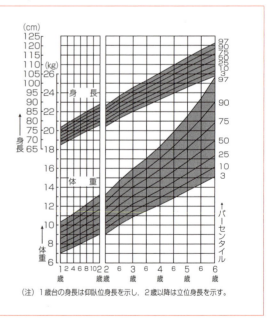

図10-5　女児の体重と身長のパーセンタイル曲線（幼児）

出典）こども家庭庁「令和5年乳幼児身体発育調査報告書」をもとに作成

❖母乳育児における体重増加の特徴

　一般的に乳児期の発育・発達のパターンは，個人差が大きいといわれています。体重も例外ではなく，それぞれの赤ちゃんによって，体重の増え方は異なっています。しかし，一般的に母乳で育てられた赤ちゃんより人工乳で育てられた赤ちゃんは体重が重いといわれ，人工乳の方が栄養過多になりやすいと考えられています。

　図10－6に体重増加曲線の分類を示しました。ある研究によると，母乳栄養で育った赤ちゃんのうちⅠ型の曲線を示した例は4割以下で，そのほかの赤ちゃんは異なる発育パターンを示すことが分かりました。乳児検診などでⅠ型以外の発育曲線を示す場合，とくに，Ⅳ型，Ⅴ型などの場合では人工乳の添加を勧められることもありますが，おむつの濡れ方や赤ちゃんの機嫌などを総合的に判断すると，母乳栄養のみで育てても問題ない場合があります。母乳には発育に必要な栄養素だけでなく，人工乳にはない感染防御物質が含まれており，できる限り母乳で育てることが理想的であるといえます。安易な気持ちで人工乳を加えてしまうと，母乳の出が悪くなるなどバランスを崩してしまい，母乳による授乳が困難になってしまうことがあります。ですから，母乳が不足しているか否かについては，慎重に判断する必要があります。

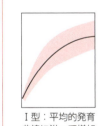
Ⅰ型：平均的発育曲線に沿って増加しているもの

Ⅱ型：常に発育曲線の上回った増加率を示すもの

Ⅲ型：最初平均的な増加，あるいは増加率が小さいが乳児期後半から加速度的な増加傾向に転ずるもの

Ⅳ型：最初平均的な増加，あるいは増加傾向が大きいが乳児期後半から停滞するもの

Ⅴ型：常に発育曲線の増加率を下回るもの

図10－6　体重増加曲線の分類
出典）長谷川まなみ他（1990）「母乳栄養児の体重増加曲線の検討」『小児保健研究』49（6），P.650

02 | 運動能力の発達

❖新生児期の運動

　自分の意志で筋肉を動かしてからだを動かすことを随意運動といいますが，生まれたばかりの赤ちゃんは，随意運動をすることができません。このころの動きは，赤ちゃんの意志とは関係なく，反射として現れた動きになります。この出生後から1歳にかけてのみに見られる反射のことを「原始反射」といいます。

　おもな原始反射を図10-7に挙げてみます。

　原始反射は，出現する時期と消失する時期が決まっているので，決まった時期に反射が観察されなかったり，それ以外の時期に観察されたりする場合には，神経系の障害を疑う必要があります。

①吸啜（きゅうてつ）反射（生後0～3ヵ月ごろ）
新生児の唇に刺激を与えると乳を吸う動作をする。

②把握反射（生後0～4ヵ月ごろ）
新生児の手のひらに指や棒などをあてて刺激すると，強く握りしめる。

③歩行反射（生後0～2ヵ月ごろ）
新生児のわきの下をおさえて起立させ，足を床につけ前傾させると，歩行するような動作をする。

④モロー反射（生後0～3ヵ月ごろ）
大きな音などでびっくりすると，バンザイをするように両腕を広げた後，ゆっくりと抱え込むような動作をする。

図10-7　おもな原始反射

Lesson10 ●乳児のからだ

❖乳児期の運動

　原始反射が消失するとともに，随意運動の発達が見られるようになります。随意運動は，からだの体幹部（胴体）や腕，足などの体肢（腕や足）を中心とした粗大運動と指先などの小さな部分を中心とした微細運動に分けられます。

　粗大運動の発達のようすを図10－8に示しました。0ヵ月では，からだを自分の意志で動かすことが困難ですが，月齢が進むにつれて，腹ばい姿勢から，からだを支えて座ることができるようになります。さらに，からだを4つ足で移動させる，いわゆるハイハイができるようになり，1歳を超えるころには，からだを2本足だけで，バランスをとって歩くことができるようになります。

図10－8　粗大運動の発達のようす（Shirley, 1951）

乳児期に観察されるおもな粗大運動とその出現率を図10－9に示しました。これを見ると，原始反射の消失する生後3～4ヵ月以降，多くの子どもたちが粗大運動を獲得しはじめ，生後12ヵ月を過ぎるころになると約50％の子どもが「ひとり歩き」できるまでに発達し，1歳3ヵ月を過ぎるころには，約90％の子どもが「ひとり歩き」できるようになっていることがわかります。

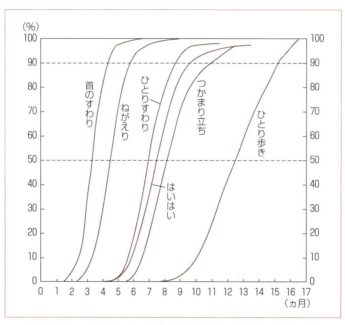

図10－9　乳児期のおもな粗大運動とその出現率（2011年）
出典）厚生労働省「平成22年　乳幼児身体発育調査報告書」

また，微細運動の獲得のようすを図10-10に示しました。これによると，ものに触れるだけしかできなかった段階（20週）から，加齢とともに，ものをわしづかみできる（20～24週）ようになり，さらに指先でものをつかむことができる（36週）ようになっていくことがわかります。生後52週以降になると，親指と人差し指でものをつまむことができるようになります。

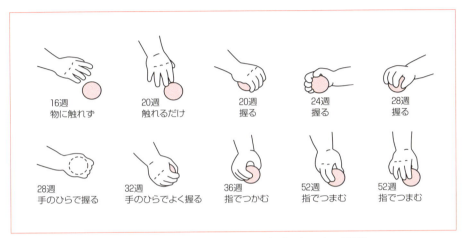

図10-10　微細運動の獲得のようす（つかみ方の発達）
出典）Halverson, H. M., 1931を一部改変

Column 04 乳児の睡眠について

生まれたばかりの赤ちゃんは、1日のうち16～17時間眠っています。昼夜を問わず、約3時間おきに目を覚まし、おっぱいを飲むとまた寝てしまいます。生後3～4ヵ月になると昼夜の区別がつくようになり、夜、まとめて5～6時間眠れるようになります。生後6ヵ月を過ぎてから1歳ごろまでは、昼寝を午前と午後に1回ずつ、1歳半ごろでは午後に1回とる子どもが多くなります（右図参照）。

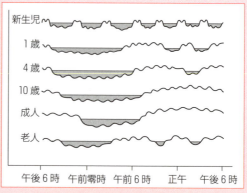

図　ヒトの睡眠リズムと年齢の関係
出典）Kleitman,N. and Kleitman,H. (1953) The sleep-wakefulness pattern in the arctic. Sci. Monthly, 75：349-356.

❖体内時計

私たちのからだには、「体内時計」が備わっています。夜になると眠くなり、朝になると目覚めるのは、この「体内時計」の働きによります。しかし、1日が24時間であるのに対し、体内時間は1日約25時間あります。ですから、体内時間のまま生活すると、毎日1時間程度、生活時間とずれてしまいます。おとなは、毎朝、太陽の光を浴びるなどして、このズレをリセットしています。

生後2ヵ月ごろになると、この25時間の体内時間ができてきますが、まだ、リセットする能力が備わっていないので、毎日1時間ずつ寝る時間がズレてしまいます。ですから、夜に目が覚め、昼間寝てしまうこともあります。このとき、夜起きたときに部屋を明るくしてしまったり、昼間寝ているときに部屋を暗くしたり、静かにしてしまうことのないように注意しなければなりません。なぜなら、体内時間をリセットする能力を獲得しようとしているときに、その基準となるべき外部の明暗リズムが狂ってしまうと、昼夜の区別をつけられなくなってしまい、いつまでたっても体内時間と生活時間を一致させることができなくなってしまうからです。

ですから、日中はたっぷりと太陽の光を浴びさせ、夜は暗いところで生活させるように配慮する必要があります。

❖ 眠たいときのサイン

　赤ちゃんは，眠たくなるとむずかりますが，それだけでなく手足が温かくなります。これは，目覚めているときは，交感神経の働きで血管が収縮していますが，眠くなるとその働きが鈍るために起こる現象です。交感神経の働きが鈍ると，手足などの末梢の血管が拡大し，血流量が増えるので，温かくなるのです。

❖ 『寝る子は育つ』

　睡眠にはリズムがあります。睡眠中，レム睡眠（からだは眠っているけれど，脳が起きている状態。まぶたがキョロキョロ動いたり，夢を見たりする）と，ノンレム睡眠（からだも脳も眠っている，熟睡の状態）という2種類の眠りの相が交互にくり返し出現します。子どもの発育に欠かせない「成長ホルモン」は，熟睡中のノンレム睡眠のときに分泌されています。ですから，レム睡眠とノンレム睡眠の規則正しいくり返しが赤ちゃんの健やかな成長を保障することとなり，「寝る子は育つ」は，正しいことわざであることがわかります。

Lesson 11 乳児保育における複数担任制
——保育者同士の連携のあり方

01 | 乳児保育における複数担任制

　乳児保育では，複数の保育者が同じクラスを担当する「複数担任制」をとる場合が多く見られます。児童福祉施設の設備及び運営に関する基準において，「保育士の数は，乳児おおむね３人につき１人以上，満１歳以上満３歳に満たない幼児おおむね６人につき１人以上，満３歳以上満４歳に満たない幼児おおむね15人につき１人以上」と決められているため，６人の子どもを預かる場合，０歳児では２名の保育者が必要となりますが，１歳児では１名の保育者が担当すると基準を満たしていることになります[1]。

1）Part1理論編のLesson
03も参照のこと。

❖複数担任制の実際

　ある保育所における複数担任によるクラス運営を見てみましょう[2]。
　０歳児クラスでは，９名の乳児を３名の保育者が担当しています。保育者は，それぞれ決められた３名の乳児を担当することになっており，基本的に担当の子どもの保育を行います。ですから，保育計画や記録の作成，保護者への対応等もおもに担当の子どもについて行います。しかし，日々の保育はクラス単位で行いますから，担当でない子どもであったとしても，ほかの保育者と協力しながらクラス全体で子どもたちを保育することになっています。
　たとえば，お昼寝の時間にA保育者担当の子どもが目を覚ましたとします。そのときには，A保育者が対応することとなります。しばらくして，A保育者担当の別の子どもが目を覚ました場合，先に目を覚ました子どもの対応でA保育者の手が離せない状態であれば，B保育者もしくはC保育者が２番目に目が覚めた子どもの対応に入ることになります。
　このように，担当が決まっていても，それぞれの保育者が子どもの動きを優先させた行動・対応を臨機応変に行い，ほかの保育者と協力しながら１日の保育の流れがスムーズに進むよう努めます。
　一方，２歳児クラスでは，３名の保育者がそれぞれの担当の子どもに関わって保育を進める場合と，クラス全体を３名で保育する場合があります。
　クラス全体で保育する場合，３名の保育者は，３つの役割を交代しながら受け持ちます。

2）担任同士の連携については，Part1理論編のLesson12でも説明しているので，あわせて参照のこと。

具体的な分担内容は，次のとおりです。
・リーダー：活動の中心的な役割を果たし，子どもをリードする。
・サブリーダー①：活動中に困っている子どもをサポートする。
・サブリーダー②：活動の準備や片づけをする。手が空いているときは，リーダーおよびサブリーダー①のサポートをする。

これらの役割分担の具体例を保育の流れから見てみましょう。

たとえば，午前中の「おやつ」が終わり，次の活動「お散歩」に移るときの保育者の動きです。

まず，リーダーが子どもたちに「これからお散歩に行くので，靴下をはいて，帽子をかぶりましょう。用意ができたら，ドアの前に並んでね。」という指示を出します。保育者のことばに敏感に反応できる子どももいますが，なかなか動けない子どももいます。すると，サブリーダー①がリーダーのことばに反応していない子どもに，「お散歩に行くとき，なにを準備するのかな？」などといった，子どもがスムーズに行動に移せるようなことばがけをしたり，正しく靴下がはけない子どもの援助をしたりします。一方，サブリーダー②は，おやつの食器を給食室に戻し，保育室の清掃を行い，お散歩から戻ってきたときに入る活動（昼食）の下準備を行います。これらの仕事が終わり次第，サブリーダー①の手助けを行います。

このように明確に役割分担をすることによって，日々の保育の流れをスムーズに行っていきます。

❖複数担任制の利点と欠点

複数担任制には，多くの利点があると考えられています。

たとえば，１人の保育者ではサポートしきれない点を補うことができることも利点のひとつと考えられます。

一般的に子どもを預かる際には，保育所と家庭との間で連絡帳[3]などを用いて，おもに健康面や睡眠，食事などのようすを報告し合います。しかし，記入できることに限りがありますから，気になる点，注意したい点などを登園，降園時に口頭で連絡し合うことが重要になります。

ところで，近年，働く親のニーズに応えて延長保育を取り扱う保育所が増え，従来から行われてきた早番，遅番といった時間差出勤に加え，複雑な組み合わせによる時間差出勤が行われるようになりました。延長保育の子どもは12時間以上保育所にいることもあり，子どもの登園，降園時に担任保育者が必ずしも勤務していられるとは限らない状況にあります。

[3]連絡帳については，Part 2 実践編のLesson 12で詳しく取り上げている。同所で巻末のワークシートと連動した連絡帳の例も掲載しているので，あわせて参照のこと。

このように１人の保育者では対応しきれない場合でも，複数の保育者が関わることによって，家庭との連絡を密に取ることができ，結果として保育をスムーズに行うことが可能になっていきます。

　また，多様な保育展開が可能となる点も利点といえます。

　保育者は，「保育のスペシャリスト」として，持っている能力のすべてを使って子どもの保育にあたりますが，それぞれの保育者によって持っている力が異なっているので，保育に差が出てしまうこともあります。この能力とは，たとえば，クラス全体をまとめる指導力であったり，子どもやその親とのコミュニケーションを図る能力であったり，芸術的なセンスに関わる能力であったりします。

　複数担任であれば，それぞれの保育者が持っている能力を最大限に発揮することによって，相乗効果が出て，よりよい保育の展開が可能となります。

　「子どもを預かる」ということは，「子どもの命を預かる」ということと同じことです。１人で担任する場合もこの原則に変わりはありませんが，乳児期の子どもは体調が変化しやすかったり，ことばが未発達のため，ほかの子どもとコミュニケーションがとれず，けんかになりやすかったりするので，細心の注意を払い，片ときも目を離すことなく保育しなければなりません。１人で見ているだけでは気がつかない些細な事柄でも，複数の目で確認することによって事故を未然に防ぐことができたり，病気の兆候を早期に発見できたりすることがあります。このような複数の目で子どもを見つめることができる点も，複数担任の利点といえます。

　一方，複数担任だからこそ陥ってしまう問題もあります。

　たとえば，保育者のみんなが全体を見ようとするあまり，個々に対する視線が甘くなり，子どもがケガをしても気づかないことがあります。また，誰かが見ていてくれているだろうとの「思い込み」から，思わぬ事故に発展してしまう場合[4]もあります。複数担任の場合，ことばに出さなくても意思疎通を図っていかなければならない場面が多くありますが，お互いの意思を伝えきれないと想像できないような事故につながることにもなりかねません。こういった問題が生じないように，保育者同士の連携には，よく話し合い，声をかけ合うことが大切になり，そうすることによって事故を未然に防ぐことが可能となります。

　複雑な勤務体制において，担任の不在を補うフリーの保育者（クラス担任をしていない保育者）との連携も欠かせません。子どもへのまなざしがとぎれることのないよう，保育所に勤務するすべての保育者と協力関係を築きたいものです。

4）具体的な事故事例を
Part 2 実践編のLesson
11で示しているので，あ
わせて参照のこと。

02 | 保育者同士の「同僚性」を高める

　質の高い保育を展開するためは，１人ひとりの職員についての資質向上だけでなく，職員全体の専門性の向上を図る必要があります。そのためには，保育所内での研修などを通して，職員同士が子どもたちの姿や関わり，環境のあり方などの実践例を報告し，情報を共有し合うことが大切になります。ここでは，「同僚性」という言葉に注目して，保育の質を向上させる手がかりについて考えてみましょう。

❖求められる保育の質と「同僚性」

　「同僚性」とは，保育者同士が互いに支え合い，高め合っていく協働的な関係のことを意味します。例えば，園内研修などを通して，職員同士がお互いの考えを忌憚なく話し合うことで子どもへの理解を深め，専門性を高め合う関係がこれに相当します。保育所保育指針「第5章　職員の資質向上」では，職場の研修において，「…保育所全体としての保育の質の向上を図っていくためには，日常的に職員同士が主体的に学び合う姿勢と環境が重要であり，職場内での研修の充実が図られなければならない」と記載されており，保育所保育指針解説において，「同じ保育所内の職員間において，…日頃から対話を通して子どもや保護者の様子を共有できる同僚性を培っておくことが求められる。」と説明されています。

　近年，保育の現場では，多様化する保育への対応を迫られ，保育者が個別に対応することでは解決できない問題が多く発生しています。こうした問題に対しては，日ごろから同僚性を高めておき，保育者同士がスムーズに連携することで，よりよい解決へ導いていくことが求められます。

　では，保育の質を高めていけるような同僚性を築くためには，どのような視点が必要になるのでしょうか？

　１人ひとりの保育者は，常に高い専門性を求められており，保育者としての力量を高めていくために，自己研鑽や研修を通してスキルアップを図る必要があります。一方，同じ保育所に勤務しているそれぞれの保育者に視点を移すと，勤務年数や経験，保育観が異なっており，保育者としての力量もさまざまであることに気づきます。保育者が自分の専門性をさらに高めようとするときに，個々に新しい知識を身につけていくことばかりに目がいきがちですが，保育者同士がそれぞれの経験をふまえて話し合うことによって，専門性を高め合うこともより効果的な方法であると言えます。なぜなら，お互いに話し合い，議論することは，個の知識では解決できなかったさまざまな視点や意見の気づきにつながることがで

きますし，それぞれの力を補完し合うことが新たな学びへとつながることになるからです。このように，同僚性が充分に機能すると，個々の保育者の力量をさらに高めていくことが可能になります。

　一方，同僚性を一朝一夕に築きあげることは困難です。日ごろから保育者同士がコミュニケーションを取り合い，気軽に意見交換できるような関係性を作っていくことが大切になります。その際，経験年数に関係なく，相手が高い専門性を身につけている保育者であるとの敬意を払いながら意見交換する姿勢が必要になります。

　保育の質と同僚性は密接につながっています。チーム力を高め，よりよい保育につなげていきたいものです。

Memo

Lesson 12 保育所で過ごす１日の流れ
──年齢別デイリープログラム（日課表）

01 | 保育所の１日

❖保育所とはどのようなところ？

　みなさんのなかには，「自分は幼稚園に通ったので，保育所がどんなところなのか想像できない」「保育所の子どもたちが長い１日，なにをしてすごしているのかわからない」という人がいるかもしれません。

　ここでは，保育所の１日の流れを示した０歳，１歳，２歳の「デイリープログラム」（日課表）を知り，乳児保育の場にいる子どもたちのようすを，まずはイメージしてみましょう。

❖「生活」から考える

　たとえば，朝９時に登園して夕方５時に降園する子どもは，８時間もの長い時間を，毎日保育所で過ごします。おとなであっても，同じ人たちと同じ場所で毎日８時間も一緒にいたら，飽きたり，疲れたりするのではないでしょうか。子どもも長い時間同じ場所にいて，同じ友だちと一緒にいたら疲れることもあるでしょう。ですから保育所では，のんびりゆったりできる時間や空間も用意されています。

　とくに乳児保育のデイリープログラムでは，おむつ交換や排泄，着替え，おやつや食事，睡眠などの「生活」が保育の中心になり，ゆったりとした日課（１日のプログラム）が組まれています。この「生活」の部分は「基本的な生活習慣」「基本的生活活動」と呼ばれたりもします。

　もちろん，「課業」と呼ばれることのある，絵を描いたり，体操をしたり，絵本を読んだりするようなクラス一斉の活動もあります。しかし，こうした「課業」も「生活」がスムーズであってこそ成り立ちます。保育実践は，「養護」と「教育」が一体のものとして実践される必要があります。

02 | 保育の計画を立てる

❖「赤ちゃんをあやしているだけ」ではない乳児保育

　乳児保育の場面をイメージすると，赤ちゃんのおむつを替えたり，赤ちゃんにミルクをあげたり，ゆったりのんびりとした小さな子どもとの空間が思い起こされるかもしれません。とくに準備や計画などなくても，赤ちゃんが泣いたらやさしく対応しさえすれば「乳児保育はなんとかなる」と，気軽に考えがちではないでしょうか。

　しかし，こうしたイメージとは違って，乳児保育とは，以下に述べるような保育の計画を立て，子どもの活動に即した周到な準備をし，保育者間の連携をはかっておく必要のある専門的な営みです。けっして「あやしているだけ」ではありません。

❖「全体的な計画」と「指導計画」[1]とは？

　『保育所保育指針』では，「保育の計画」について，「保育所は，1の（2）に示した保育の目標を達成するために，各保育所の保育の方針や目標に基づき，子どもの発達過程を踏まえて，保育の内容が組織的・計画的に構成され，保育所の生活の全体を通して，総合的に展開されるよう，全体的な計画を作成しなければならない。」と述べられています。「全体的な計画」が基盤，「指導計画」はその具体化，ということです。

　「全体的な計画」は，保育の全体を通して，子どもの育ちに長期的な見通しを持って編成されます。対して「指導計画」は，「全体的な計画」による長期的な見通しをもとに，より具体的に，日々の子どもの生活に即した短期的な計画として立てられるものです。とくに乳児保育では，1人ひとりの子どもの生育歴や発達の状態をふまえ，個別的な計画を作成します。

　ここで気をつけなくてはならないのは，『保育所保育指針』や各自治体が作成した保育の計画などは，保育を計画する際の参考資料に過ぎないということです。各クラスの具体的な「指導計画」に，『保育所保育指針』などの文言をそのまま持ち込んで，表のような保育計画をつくっても，おそらくうまくはいかないでしょう。

　たとえば，「友だちに共感し，楽しく遊ぶ」という保育の目標を達成するために，わらべうたを「全体的な計画」として編成するとしましょう。このとき，「友だちと共感してわらべうたを歌う」ために考えられる具体的な「指導」の「計画」

[1] 全体的な計画と指導計画については，Part 1 理論編のLesson04でも説明しているので，あわせて参照のこと。

とは，「そろって座れるように指導する」というようなことだけでしょうか。そういうこともあるかもしれませんが，それだけでよいとはいえません。そのときどきの子どもの家族や子どもの状況に配慮し，「今，その子どもがどのようなことに興味があるのかようすをみる」「興味のある子どもとともにわらべうたを個別に楽しむ」など，「指導計画」をその場に合ったものへと創造的に作成していく必要があります。そして，「指導計画」通りであることをめざすのではなく，ていねいな計画を立てながらも，場に適した臨機応変な保育を，子どもとともに創造していくことが大切です。

03 ｜ 0歳児クラスのデイリープログラム

❖個人への配慮が大事な0歳児クラス

0歳児クラスというのは，もっとも月齢差，個人差の大きなクラスです。たとえば，生後3ヵ月と8ヵ月と11ヵ月の赤ちゃんがクラスにいるとします。赤ちゃんたちは，睡眠時間の長さ，ミルクの量，離乳食のある・なしなど，それぞれ個人の月齢によって「生活」内容が大きく異なります。さらに，その日の赤ちゃんの体調などによっても，「生活」は変わります。

0歳児クラスの赤ちゃんの「生活」は，1人の赤ちゃんだけにしぼってみても固定的ではなく流動的で，日々変わっていくものです。その赤ちゃんを，9人〜12人ほどの「0歳児クラス」というまとまりにして一緒に保育をしようとするわけですから，「1人ひとりを大切にする保育」となると，これは実に大変なことなのです。

したがって，生活の流れを見通す0歳児のデイリープログラムは，月齢差や個人差を配慮したゆるやかなものになります。そのゆるやかさが，それぞれの子どもの必要に応じて，保育者が臨機応変に対応できる保育の幅を保障します。

❖担当制[3]

0歳の時期には，おとなにていねいに世話をしてもらいながら，「自分が大切にされている」ことを感じられる生活を保障してあげたいものです。子どもは大切にされていることを感じるなかで，「人が好き」になり，他者への信頼感が育ち，だんだんと周りに働きかけることができるようになる，と考えられるからです。

こうした考え方をもとに，乳児保育の場（とくに0歳児クラス）では，「担当制」という保育の形態がとられるようになってきました。「担当制」では，できるだ

[2] 児童福祉施設の設備及び運営に関する基準に決められた保育士配置基準では，0歳児3人に保育士1人，1，2歳児6人に保育士1人だが，その保育者人数で1人ひとりの子どもの生活リズムに配慮した保育をすることはむずかしい。ほとんどの自治体や保育所では，独自に，何人かの保育者を加算配置している。加算配置された副担任に，担任と同じような保育役割を期待する園もあれば，掃除や環境設定など補助的な役割を期待する園もある。

[3] 担当制をとらない保育所もある。担当制をとらない保育には，たとえば，「みんなで1人ひとりの子どもをていねいにみる」というような保育方針がある。担当制については，Part1理論編Lesson11でも説明しているので，あわせて参照。

Lesson12 ●保育所で過ごす1日の流れ

◆デイリープログラム　0歳児クラスの一例

9人の子どもに3人の担任と1人の副担任[2]がいる0歳児クラスの一例です。高月齢児（生後11ヵ月〜1歳半くらい）担当，中月齢児（生後8〜10ヵ月くらい）担当，低月齢児（生後4〜5ヵ月くらい：表中の⑦に相当，生後6〜7ヵ月くらい：同，⑦に相当）担当と，子どもの月齢に合わせた担当制を想定しています。

時間	流　れ			保育者A（高月齢児3人担当）	保育者B（中月齢児3人担当）	保育者C（低月齢児3人担当）
	高月齢児	中月齢児	低月齢児			
				7：15　出勤（早番）おしりふきあたため器準備・おもちゃ消毒・哺乳びん煮沸		
7：30	開園　順次登園早朝保育（人数が少ないので，1歳児・2歳児と合同）			受け入れ検温・視診・連絡帳確認		
					8：45　出勤（中番）	8：45　副担任D出勤（中番）
9：00	0歳児のみの保育となる遊び			受け入れ・検温・視診・連絡帳確認遊びを見守る	受け入れ・検温・視診・連絡帳確認睡眠介助・遊びを見守る	受け入れ・検温・視診・連絡帳確認睡眠介助・遊びを見守る
10：00	おやつ散歩	離乳食＋授乳	⑦離乳食＋授乳	おやつの介助散歩	離乳食＋授乳	離乳食＋授乳10：45　出勤（遅番）
11：00	食事			食事の介助睡眠介助		連絡帳確認・副担任と情報交換睡眠介助・遊びを見守る
12：00	睡眠		⑦授乳	連絡帳記入休憩室にて休憩（食事）	連絡帳記入休憩室にて休憩（食事）	授乳
13：00	遊び		⑦授乳	目覚めを見守る遊びを見守る	目覚めを見守る	授乳休憩室にて休憩（食事）
14：00	おやつ遊び	離乳食＋授乳		おやつの介助遊びを見守る	離乳食＋授乳	中月齢児への対応（離乳食＋授乳）連絡帳記入
15：00			⑦授乳	個人記録記入・おむつたたみ・おもちゃづくり・日誌記入15：45　退勤	授乳	
16：00	順次降園延長保育（1歳児・2歳児と合同）				個人記録記入・床ふき17：15　退勤	延長保育の遊びを設定する延長保育
19：00	閉園					個人記録記入・室内整頓・施錠19：15　退勤

●いつでも必要なときに，おむつ替えや検温をします。水分補給も欠かさないように気をつけます。
●上記の「流れ」には，低月齢児と中月齢児の「睡眠」と「遊び」が記載されていません。この時期の子どもは，各自のペースで寝たり起きたりをくり返すためです。保育者も随時，「睡眠介助」と「遊びの見守り」を行います。
●低月齢児の「睡眠介助」では，入眠時の対応はもちろんですが，子どもが急に目覚めたときにも傍らで対応し，再眠に誘います。

(表中の吹き出し)
子どもは同じ時間に登園してきません。

受け入れ時には，子どもの健康状態などについて保護者となごやかに語らうなかで，信頼関係を築きます。

このあたりで，おおよそみんなそろいます。

保育者は基本的に時差出勤です。まず連絡帳を確認し，保育に入ります。

給食室の栄養士と，子どもたちの健康状態をふまえて食事・離乳食について打ち合わせます。

この日の高月齢児の主活動として，機嫌のよい子どもはベビーカーに乗り，近所の公園にお散歩に行きます。

保育者C出勤のあと，状況に応じて各担任を補助していきます。

保育スタッフが連携して，定期的に子どもの呼吸を確認

Part1 理論編
Part2 実践編
Part3 アイディア集

け同じ保育者（＝担当者）が同じ子どもの食事や睡眠を担当することで，保育者と子どもの気持ちが通いやすい安定的な状況をつくり，子どもが安心して過ごせる生活環境が保育所のなかにつくられることをめざします。

04 ｜ 1歳児クラスのデイリープログラム

❖自分でやってみたい子どもに探索の場を

　トイレットペーパーの紙がすべてカラカラと出されて山盛りになっていたり，スリッパにどんぐりが入っていて驚かされたり，この時期の子どもの周辺ではよく起こる，おかしくもほほえましいエピソードがたくさんあります。

　赤ちゃんだった小さな人が自分で歩けるようになる，だんだん手先も器用になる，なにやらゴニョゴニョとおしゃべりもできるようになる。それが1歳児です。もうこのクラスにいる赤ちゃんたちは，赤ちゃんというより「子ども」の顔つきをしています。身近な人の生活に興味を持ち，生活のなかで行われていることに「自分でやってみたい」と興味津々です。では，この1歳児クラスの1日は，どのようなようすでしょうか。

　食べものを食べること，服を着ること，身体を洗うこと，髪をとかすこと，ドアを開けること・閉めること，鍵をかけることなど，おとなにとってはなんでもない日常行為の1つひとつが気になり，おとなのようすをじっと見ては，自分にもやらせて欲しいと言ってきます。

❖できるようになりたいのではなく・・・

　でも，こうした子どもたちのおとなへの接近に見えるしぐさが，「おとなのようにできるようになりたい」と子どもが思っての行為だと考えるのは，ちょっと勇み足でしょう。子どもは上手にできるようになりたいというよりも，やりながらその行為がどのようなことなのか試してみているものと考えられます[4]。

　子どもはおとなの生活を真面目に見つめ，私たちの生活のなかに身をおこうとしています。1歳のデイリープログラムには，「基本的な生活習慣」を，訓練としてではなく「存分に探索できる」ものとして用意したいものです。

4）模倣しながらやっているおとなの身体像をつかんでいく。これは，おとなのようになりたい，ということとは異なる。『乳児保育の探究』（入江礼子編著，相川書房，2002年）に詳しい。

Lesson12 ●保育所で過ごす1日の流れ

◆デイリープログラム　1歳児クラスの一例

　12人の子どもに3人の担任と1人の副担任がいる1歳児クラスの一例です。早い生まれの子どもたちを高月齢児，遅い生まれの子どもたちを低月齢児として2つにクラスを分け，育ちに応じた対応をします。

時間	流　れ	保育者A	保育者B	保育者C
7:30	開園　順次登園 早朝保育 （人数が少ないので， 0歳児・2歳児と合同） （朝から眠そうな子，おなかがすいている子はいないか，観察します。）	7:15 出勤（早番） 換気・水やり・床ふき・棚ふき 受け入れ 視診・連絡帳確認 （受け入れ時には，子どもの健康状態などについて保護者となごやかに語らうなかで，信頼関係を築きます。）	8:45 出勤（中番） （早番は，クラス保育をするだけでなく，早く登園してきた子どもたち(年齢混合)の保育当番もします。）	8:45 副担任D出勤（中番） 受け入れ・連絡帳確認 遊びを見守る
9:00 9:30	1歳児のみの保育となる 睡眠（低月齢児）・遊び	受け入れ・視診・連絡帳確認 睡眠介助・遊びを見守る	受け入れ・視診・連絡帳確認 遊びを見守る・おやつ準備	受け入れ・連絡帳確認 遊びを見守る
10:00	おやつ （1歳でも午前睡が必要な子どもがいます。子どもに合った場の設定が大切です。） 散歩 手洗い	おやつ介助 （給食室の栄養士と，子どもたちの健康状態をふまえて食事について打ち合わせます。） 散歩に行く	おやつ介助 （保育者C出勤のあと，状況に応じて各担任を補助していきます。） 散歩に行く	おやつの片づけ 10:45 出勤（遅番） 連絡帳確認・副担任と情報交換
11:00	先に低月齢児が食事をしてから，高月齢児が食事	低月齢児食事介助	高月齢児食事介助	食事介助（全体的に）
12:00	歯磨き・着替え 絵本の読み聞かせ 睡眠 （・クラスを分けて少人数で食事をすることで，落ち着いたひとときが得られるようです。・食事中にうとうとと眠っている子はいませんか？ その場合は，食事の時間を再考したほうがいいかもしれません。）	歯磨きの仕上げ・着替えの介助 睡眠介助・連絡帳記入	歯磨きの仕上げ・着替えの介助 睡眠介助	食事の片づけ 絵本の読み聞かせ 睡眠介助
13:00	保育スタッフが連携して，定期的に子どもの呼吸を確認	休憩室にて休憩（食事） 目覚めを見守る	連絡帳記入 休憩室にて休憩（食事）	休憩室にて休憩（食事）
14:00	おやつ 遊び	個人記録記入・日誌記入	おやつ介助 おやつの片づけ	おやつ介助 遊びを見守る
15:00		15:45 退勤	遊びを見守る	目覚めを見守る 連絡帳記入
16:00	順次降園 延長保育 （0歳児・2歳児と合同） 順次降園 （午睡後の遊びは充実しています。かばんにいっぱいおもちゃを詰めて，お母さんになって遊んだりする子もいるようです。睡眠時間内だからといって，無理に寝かせず，起きた子どもから順に遊びます。）		個人記録記入 床ふき 17:15 退勤	延長保育の遊びを設定する 延長保育
19:00	閉園			個人記録記入・室内整頓・施錠 19:15 退勤

●いつでも必要なときに，おむつ替えや検温をします。水分補給も欠かさないように気をつけます。

Part1 理論編

Part2 実践編

Part3 アイディア集

05 ｜ ２歳児クラスのデイリープログラム

❖機嫌よく過ごし，自分で遊びを見つける

　自分で手を洗い，自分でパンツをはき，３歳になるころにはお箸にも挑戦する２歳児クラスの子どもたち。「ジブンデスルノッ」と自分が活動の主体であることを主張し，「ミテテ！　ミテテ！」と得意になる姿があちこちで見られます。

　機嫌よく１日が過ごせるようになれば，自分で遊びを見つけられるようにもなっていきます。そして，オオカミ（保育者）に追いかけられる子ヤギ（子どもたち）の「つもり」になる追いかけかくれ遊びなど，友だちとのつながりも，自分のなかにある「つもり」の世界も広くなっていく幼児期への移行期です。生活も遊びも充実したデイリープログラムが求められます。

Lesson12 ●保育所で過ごす1日の流れ

◆デイリープログラム　2歳児クラスの一例

18人の子どもに3人の担任と1人の副担任がいる2歳児クラスの一例です。

時間	流　　れ	保育者A	保育者B	保育者C
7:30	開園　順次登園 早朝保育 （人数が少ないので 0歳児・1歳児と合同）	7:15　出勤（早番） 換気・水やり・床ふき・棚ふき 受け入れ・視診・連絡帳確認	受け入れ時には，子どもの健康状態などについて保護者となごやかに語らうなかで，信頼関係を築きます。 8:45　出勤（中番）	8:45　副担任D　出勤（中番）
9:00	2歳児のみの保育となる	受け入れ・視診・連絡帳確認 給食の人数を給食室に報告	受け入れ・視診・連絡帳確認	受け入れ・視診・連絡帳確認
9:30	遊び	・クラスを2つに分けて少人数で食事をする場合もあります。落ち着いたひとときが得られるようです。 ・多種類の食品を味わい，名前を呼び合うようになった友だちとおしゃべりしながらの食事です。　遊びを見守る	遊びを見守る	遊びを見守る おやつ準備
10:00	おやつ 散歩	おやつ介助 散歩に行く	おやつ介助 散歩に行く	遅番は，子どもの流れをつかんで保育に入ります。最後は，保育所全体の片づけもして，次の日の保育に備えます。 おやつ片づけ
			保育者C出勤のあと，状況に応じて各担任を補助していきます。	10:45　出勤（遅番） 連絡帳確認・副担任と情報交換
11:00	手洗い 紙芝居を見る	手洗い介助 食事準備	手洗い介助 食事準備	紙芝居をする
12:00	食事 歯磨き・着替え 絵本の読み聞かせ	食事介助 歯磨きの仕上げ・着替え介助	食事介助 歯磨きの仕上げ・着替え介助	食事介助 食事の片づけ 絵本の読み聞かせ
		保育スタッフが連携して，定期的に子どもの呼吸を確認		
13:00	睡眠	睡眠介助 休憩室にて休憩（食事）	睡眠介助 連絡帳記入 休憩室にて休憩（食事）	連絡帳記入 トイレ掃除・部屋の片づけ
	入眠時，お話などをすると1人で眠りにつけるようになってきます。よく眠る子，眠らなくても大丈夫な子など，睡眠量の差がはっきりしてくるこの時期，1人ひとりに合った睡眠を。			
14:00	（目覚めた子は遊ぶ）	目覚めを見守る	遊びを見守る	休憩室にて休憩（食事）
15:00	おやつ 遊び	個人記録記入・日誌記入 15:45　退勤	おやつ介助 おやつ片づけ	おやつ介助・目覚めを見守る
16:00	順次降園 延長保育 （0歳児・1歳児と合同） 順次降園		個人記録記入・床ふき 17:15　退勤	延長保育の遊びを設定する 延長保育
19:00	閉園			個人記録記入・室内整頓・施錠 19:15　退勤

●いつでも必要なときに，排泄への対応をします。水分補給も欠かさないように気をつけます。

Part1　理論編

Part2　実践編

Part3　アイディア集

99

06 | デイリープログラムの理解に向けて

　ここまでみてきたように，デイリープログラムの背景には，子どもの発達をふまえて考えられる保育をつくるための「全体的な計画」や「保育者の意図」があります。

　デイリープログラムとは，子どもが機嫌よく過ごせるための配慮，気分よく過ごせるように考えられた「生活の流れ」にほかなりません。

　プロの保育者が身体で覚えている1日の流れ（デイリープログラム）のなかに，保育の醍醐味が見えてくるかもしれません。子どもの生活の「先を見通す」保育者の専門性が，デイリープログラムには隠されています。

❖実習先のデイリープログラムを確認しておこう

　実習先のデイリープログラムは実習前に教えてもらい，ぜひ確認しておきましょう。1日の流れを知るだけで精一杯の実習生では，保育者の意図が見えず，指示されることをこなすだけになってしまいかねません。次への見通しがあれば，保育への理解が深まります。

07 | 感染対策について

　保育所で過ごす一日の流れの中に「感染拡大（クラスター）を防ぐとりくみ」が必要とされる時期[5]には，どのような注意が必要でしょうか。

　絵本を読む，制作あそびをする等の活動を少人数のグループにわけたり，コーナーあそびの環境を設定したり，子ども1人ひとりの主体性を重視し，クラスで一斉にする活動を避けることもあるでしょう。あるいは，園庭であそぶ時間をクラスごとにわける等，園全体で子どもの動線を考え，密集しないように配慮することも必要かもしれません。

　手洗いの習慣等は歌を歌いながら身につけたり，ソーシャルディスタンスを意識できるよう視覚的な工夫をこらしたり，乳児クラスの子どもたち自身にも意識できる感染予防を伝えていくことも大切な保育内容になっています。

　衛生面では，食事の食べ始めの時間をわけたり，机1台あたりの子どもの数を制限したり，飛沫感染を防ぐ努力がなされることもあります。使い捨ての紙コップやペーパータオルを使用する等，設備面での対応も欠かせません。また離乳期には，保育者の「カミカミ」や「もぐもぐ」といった口元が見えるようなフェイ

5）2020年3月以降，新型コロナウィルスの世界的な感染拡大により，保育の場でも，三密（密閉・密集・密接）を可能な限り避ける行動様式が推奨されるようになった。

Lesson12 ●保育所で過ごす1日の流れ

スシールドを使用する等，保育者のマスク着用による表情の見えづらさを克服する工夫も模索されています。

ただし，こうした工夫をしてもなお，感染防止期間には，子ども同士のふれあいの制限や地域の人々との交流の中止が，子どもの育ちに小さくない影響を与えることもあるでしょう。分散した活動や消毒業務によって保育者のすべきことが増えていくなか，保育者の数が足りないと感じることもあるかもしれません。

それでもなお，すべての子どもが保育者との信頼関係を築きながら，たのしい園生活が送れるよう，デイリープログラムに工夫をこらしていくことが私たちに求められていることです。

08 | 計画や記録におけるICT[6]の活用

パソコンによる保育日誌や指導案の作成には，前回のデータを参照したり文例を使用したりすることで，手書きの負担を減らし作業時間を短縮できるというメリットがあります。端末上の管理によって，紙の印刷や保管にともなう手間を省くこともできますし，保護者へのおたより等も一斉送信できるため，プリントの紛失などもおこらないでしょう。

いったん，ICTによる連絡経路を確立しておけば，緊急時の連絡等も，もれなく行えます。さらに職員間で情報共有できるICTシステムが導入されていれば，各保育者の書いた記録が園の「全体的な計画」のどこに位置づくのか等も，確認しやすくなるでしょう。

くわえて，デイリープログラムを立てる際，個々の子どもの登園・降園時間，アレルギーの有無，予防接種についての情報等がデータ化されていれば，保育者の勤務シフトや保育内容などを子どもの姿にあわせ，より丁寧に考えていくこともできるかもしれません。

ただし，パソコンやタブレットによる操作が苦手な保育者は，ICTシステムに慣れるまでに時間がかかる可能性もあります。紙でもらっていた情報がデータになっていくことに抵抗を感じる人，手書きのおたよりの方が「書き手がわかり安心できる」という保護者もいるでしょう。また各園に設置されているパソコンやタブレットが少ないと，一度に使用できる保育者が限られてしまい，余計に時間がかかってしまいます。ICTを使って日誌や書類を作成する場合には，園全体で，情報機器を一定数確保しておく必要があるでしょう。

6）ICTとは「Information and Communication Technology」の略称であり，「情報通信技術」と訳される。デジタル化された情報の通信技術が，インターネットなどを経由して人と人とをつなぐ役割を果たしている。

Part1 理論編

Part2 実践編

Part3 アイディア集

Album 03 おにわであそぼう

　8月のある日，1歳児クラスの子どもたちが園庭で遊んでいました。思い思いに自分の好きな遊びを見つけたようです。

▲三輪車にまたがったけど…。「うまくこげないから，ぼくもおしてほしいな，せんせい」。

▲たらいの水に手を伸ばし，しばらくなかのおもちゃに触れていました。服の汚れなんか気にしないで，どろんこになって遊びます。

▲おもちゃのコップに砂を入れて遊びます。一緒にいるけど，一緒に遊んではいない。でも，なにかを感じ合っているような，そんな段階です。

▲談笑する先生の傍らで，子どもたちは安心して遊びます。互いに尊重し合う先生方の雰囲気は，子どもたちにおのずと伝わるようです。

Memo

Column 05　乳児保育担当保育者にお話を聞きました

❖まずは，赤ちゃんに触れてみて！

　今，あなたの生活のなかで，赤ちゃんを目にするのはいつ，どんなところにおいてでしょうか。もしかしたら，身近に赤ちゃんと接する機会のない人もいるのではないでしょうか。「自分の生んだわが子を抱くのが，赤ちゃんに触れる初めての体験だった」という人も少なくない時代です。保育者になりたいみなさんのなかに，まだ赤ちゃんに触れたことのない人がいても，実はまったくおかしいことではありません。

　でも，毎日赤ちゃんたちと一緒にいる乳児保育担当の先生に，「保育学生に学んできて欲しいことはなんですか？」という質問をすると，先生たちは決まって，「まずは赤ちゃんに触れてみて！」とおっしゃいます。そして，「赤ちゃんの甘いにおい，赤ちゃんのやわらかさ，赤ちゃんの重さを自分の肌で感じることが，乳児保育への大事な一歩です」「だって，赤ちゃんがどんなに賢くまわりのようすを見ているか，赤ちゃん1人ひとりがどれほど個性にあふれているか，まずは赤ちゃんに触ってみなければわかりませんからね！」と言われます。

　保育実習の前に，まずは赤ちゃんに触れるチャンスがあるとよいですね。一度も赤ちゃんとふれ合わずに実習に臨んだ場合，赤ちゃんを前にして，こわごわと実習を行っている不安な気持ちが赤ちゃんに伝わり，赤ちゃんとのよい関係をつくれなくなってしまう実習生も少なくないようです。

❖実習生にしかできないことがある

　実習生というのは，実習生であるときには緊張していて案外気づかないものですが，とても「ラッキーな立場」だと乳児保育担当の先生方はおっしゃいます。

　乳児保育の場が，幼児保育の場ともっとも異なるところは，保育者の数です。乳児保育に関わる職員数は，幼児保育の職員数に比べて多くなっています。これは，小さな赤ちゃんとの1対1の関わりができるように，それ相応の保育者数の配置が考慮されている結果です。

　この保育者の数が多いということは，乳児保育では，保育者同士の意思の疎通がとても大事になるということを意味します。たとえば，赤ちゃんが眠りにつくときの対応ひとつをとっても，ふとんに寝かせながらトントンして眠ってもらいたい保育者と，だっこでゆ

らゆらしながら眠ってもらいたい保育者がいます。子守唄を歌いたい保育者もいれば、クラシックをかけたい保育者もいるでしょう。このように考え方や、やり方がそれぞれの保育者で異なるのです。乳児保育の場では、こうした微妙な保育観の違いを、多くの保育者のなかで調整しながら、保育のやり方を決めていかなくてはなりません。保育現場に出れば、1年目の新人保育者であっても、こうした人間関係を考慮しながら自分なりの保育をはじめなくてはならないのです。

　それにひきかえ実習生というのは、「それぞれの保育者がどうやっているのかをじっくりと見て、自分なりにいろいろな保育を試すことができる」立場なのです。保育実習期間というのは、「さまざまな保育を楽しめる、二度と来ない貴重なチャンスだ」ということです。

　なんだか乳児保育の実習が楽しみになってきませんか。

❖おむつが替えられなくとも、赤ちゃんの目を見て！

　「私、おむつも替えたことがないんです」と、不安そうに実習にくる学生がいるそうです。でも、乳児保育担当の先生は、「乳児保育は技術だけではありません。おむつ替えのような保育技術は、そのうちに誰でも覚えます。でも、赤ちゃんの目を見て、赤ちゃんに話しかけ、赤ちゃんの育ちを楽しむことは、保育技術の習得で補うことはできません」とおっしゃいます。

　赤ちゃんがなにを見ているのか、赤ちゃんのそばで、赤ちゃんのにおいを感じながら、ぜひ、赤ちゃんのいる生活を楽しむことからはじめてみてください。

　きっと、赤ちゃんこそが、あなたが保育者としてなにをしたらよいのか教えてくれるでしょう。

Lesson 13 保護者との連携を考えよう
——乳児をとりまく協力関係をめざして

保育所には，さまざまな事情を抱えつつ懸命に子どもを育てている数多くの保護者がいます。

外国籍の保護者や，不安感の強い保護者，虐待が心配な保護者もいます。母子家庭や父子家庭で子どもを育て，経済面やしつけ面などに不安を抱いている保護者もいます。

そのようなさまざまな背景を抱える保護者と保育者はどのようにむき合っていけばいいのか考えてみましょう。

01 | ことばの壁の解決

まずは，外国籍の保護者とのやりとりを考えてみます。

■事例■　保育所の昼食時，みち先生はケニーちゃんの弁当箱を見てびっくりしました。なんと粘土を入れるプラスチックの箱にごはんが詰め込まれていたのです。ケニーちゃんのママはブラジル人で，日本人のパパと結婚して，つい最近日本にきましたが，日本語がまだわかりません。昨日，家庭で洗うようにと，子どもに持ち帰らせた粘土箱がランチボックスに代わっていたことに，みち先生はこれからケニーちゃんのママとどのようにつき合っていけばいいのかと，とても不安になりました。

ケニーちゃんのママとの今後のやりとりを不安に感じたみち先生は，早速，園長先生に相談しました。園長先生は地域のネットワークを活用して，ことばのわかる人にボランティアをお願いしました。また，みち先生も図示できるものは簡単なイラストにして，ケニーちゃんのママに渡すようにしました。

このように，卒園生の親や区・市町村の関係窓口，地域の世話役さんなど，それまで培ってきたネットワークを上手に生かしてボランティアの人を探し出し，外国籍の保護者とコミュニケーションを図って，ことばの壁を乗り越えることができます。常時は無理だとしても，込み入った話や定期的な面談には，通訳のできるボランティアの人に入ってもらえば対応できることでしょう。

Lesson13 ●保護者との連携を考えよう

❖あなたのことをもっと知りたい

こうした配慮とともに，保育者にできることを考えてみましょう。前述のみち先生がケニーちゃんのママに渡したイラストもそのひとつですが，保護者の母国に関する情報を集め，文化や宗教への理解を深めることも必要です。日本では日常的な所作や態度，習慣が他国の文化から見ると礼を失するもの，ときには侮辱ととられることもあり得ます。日本にいるから，日本の習慣にしたがえというのでは，いささか乱暴なような気がするのです。相手を理解することは，人間関係を築くうえでの第一歩であることを忘れないようにしたいものです。ぜひ，保育者のあなたから，その一歩を踏み出してみてください。

そして，外国籍の保護者の負担を考慮したうえで支障がなければ，保育所のほかの園児や保護者を対象に，母国の料理や民族衣装を紹介する機会を園行事に組み入れるなどの工夫があると，誰にとっても楽しい文化交流，ひいては他者理解につながるのではないでしょうか。

02 | 虐待の発見と対応

相変わらず虐待のニュースが後を絶ちません。

厚生労働省の調査では，2021（令和３）年度に児童相談所で対応した虐待の総数は，207,660件と，前年度よりも2,616件の増加となっています。

では，とくに保育者を目指すみなさんと関わりの深い就学前の子どもたちの場合を考えてみましょう。０～３歳未満の被虐待児では初めて前年度よりも906件減少し，38,752件（虐待総数の18.7％），３歳から学齢前の被虐待児は前年よりも増加したものの14件にとどまり52,615件（虐待総数の25.3％）となっています。緩やかながらも増加傾向に歯止めがかかったように見受けられます。

しかし，それでも就学前の被虐待児は虐待総数の44.0％と，虐待を受ける子どもの半数近くとなっています。

このことをこころに留めておきましょう。

Part1 理論編

Part2 実践編

Part3 アイディア集

表13－1　虐待相談の年齢構成

	総数	0〜3歳未満	3歳〜学齢前	小学生	中学生	高校生その他
平成28年度	（100%）122,575	（19.5%）23,939	（25.6%）31,332	（34.0%）41,719	（14.2%）17,409	（6.7%）8,176
平成29年度	（100%）133,778	（20.2%）27,046	（25.5%）34,050	（33.3%）44,567	（14.0%）18,677	（7.1%）9,438
平成30年度	（100%）159,838	（20.2%）32,302	（25.7%）41,090	（33.7%）53,797	（13.7%）21,847	（6.8%）10,802
令和元年度	（100%）193,780	（19.5%）37,826	（25.6%）49,660	（34.0%）65,959	（13.8%）26,709	（7.0%）13,626
令和2年度	（100%）205,044	（19.3%）39,658	（25.6%）52,601	（34.1%）70,111	（13.7%）28,071	（7.1%）14,603
令和3年度	（100%）207,660	（18.7%）38,752	（25.3%）52,615	（34.2%）70,935	（14.5%）30,157	（7.3%）15,201

出典）2021（令和3）年度　厚生労働省：福祉行政報告例

❖虐待とは，どのような行為？

　まずは，児童虐待の定義をしっかりと理解しておきましょう。

　児童虐待とは，子ども（18歳未満）に対しての親または親に代わる保護者による不適切な関わりのことで，次のような4つの行為があります。

①身体的虐待

　子どもの生命に危険を及ぼす身体的な暴行を加えることで，殴る，蹴る，熱湯をかける，おぼれさせる，投げ落とす，縄などで拘束する，冬戸外に閉め出すというような行為がこれにあたります。

②性的虐待

　性的行為や性的暴行を強要することで，子どもをそそのかして，そうした行為にいたることも含まれます。また子どもに性器や性的行為を見せたり，子どもの裸の写真を撮ったりするなどの行為も性的虐待とみなされます。

③心理的虐待

　暴言や差別などで心理的外傷を与える行為です。ことばによる脅迫，子どもの自尊心を脅かすような言動をくり返す，ほかのきょうだいと著しく差別する，子どもを無視したり拒否的態度をとるなどの行為です。

④ネグレクト（保護の怠慢や拒否）

　保護を怠ったり拒否したりして，子どもの健康や安全を損なうもので，家に閉

Lesson13 ●保護者との連携を考えよう

じ込めて学校などに行かせない，病気になっても病院に連れて行かない，乳幼児を家に残したままたびたび外出する，車の中に放置する，適切な食事を与えない，身体や衣服を不潔な状態のままにするなどがネグレクトです。

これらの虐待が，ときには重複していることもあります。

❖虐待はどうして起こるのか？

保護者自身が幼いころに虐待を受けていたり，アルコール依存であるなどの保護者の問題や，夫婦不和や経済的困窮などの家庭の抱える事情，障害があったり育てにくかったりする子ども自身の特徴，また，低出生体重児[1]で出生直後から母子分離の状態が続いていたり，母親のしつけが誤っていたりすることで愛着関係が育ちにくかったなどの母子関係の問題，周りから孤立したまま育児不安を募らせたり，「産後うつ病」[2]を深刻化させたりという育児支援の問題が，虐待の背景として考えられます。

❖虐待に気づく目を養う

このような虐待を早期に発見できるように，保育者の「虐待に気づく目」を磨いて欲しいと思います。

被虐待児は，発育が悪い，季節にそぐわない服や汚い服を着ている，入浴しておらず異臭がする，けがが多く原因もわからず治療がされていない，昼食やおやつをむさぼるように食べる，基本的な生活習慣が身についていない，おどおどして視線が合いにくい，保育者にべたべた甘えたり試したりするような行動をとる，他児に乱暴する，集中できないなどが見られることが多いといいます。

日ごろから子どもをしっかり観察しましょう。もちろん，保護者のようすや親子関係にも目を配ることはいうまでもありません。

❖もしかすると虐待？　と思ったら

虐待が疑われるときには，園長や主任に相談すると，園内会議が開かれて全職員からの情報を整理しつつ共通理解が図られます。その後，保健師や民生委員に相談したり，児童相談所に通告するという流れとなります。

「虐待じゃなく思い過ごしだったらどうしよう」という思いなどから，関係機関への相談や通告をためらうこともあるのですが，児童虐待防止法[3]では，「虐待を受けたと思われる児童」が通告の対象となっています。虐待を止めることは，被虐待児を，そして虐待をしている親をも救うことになるのです。また虐待では「守秘義務」よりも「通告」が優先します。

1）2,500g未満で生まれた未熟児。

2）産後3週間から3ヵ月で発病し，うつ症状が数ヵ月から1年以上続く。早期発見と早期治療が必要であるとともに，育児支援が欠かせない。

3）正式名称は，「児童虐待の防止等に関する法律」。

Part1　理論編

Part2　実践編

Part3　アイディア集

03 | 保護者に寄り添う

　先述したように，保護者の生育歴や性格，抱えている事情は千差万別です。そのような保護者の1人ひとりに寄り添うことはとても大変なことなのですが，これも，保育者に求められる姿勢のひとつです。

　ここでは，外国籍の保護者や虐待をしている親だけではなく，対象を広くとらえて，「子どもを園に預けている保護者」全般との関係を考えてみましょう。

❖信頼関係を築く

　日ごろからどの保護者にも保育者の方から積極的に声をかけて，お互いが話しやすい関係をつくっておきましょう。若い保育者，とくに独身の保育者にとって，家庭を持って子どもを育てている保護者に対して気後れする気持ちもあるかもしれませんが，保育の専門家として，また，自分は保育所では子どもの「お母さん」，あるいは「お父さん」なのだという気持ちを持って，積極的に保護者との関係を築いていきましょう。そして，それにもまして大事なことは，日常の保育を大切にていねいに行うということだと思います。毎日の保育に寄せる保育者の姿勢を，保護者は見ているのです。

Lesson13 ●保護者との連携を考えよう

❖まずは,「うれしい」知らせを届けよう

仕事を終えてばたばたと子どもを迎えにきた保護者を,待ってましたとばかりにつかまえて,子どもがいかに保育者の言うことを聞かなかったか,ほかの子どもを困らせたかなどを話す保育者がいます。これは,自分の保育者としての無能ぶりを保護者に報告しているようなものです。また,話すことで,保育者自身が1日の仕事の鬱憤を晴らしているかのようにも見えます。保育者として,子どもの1日を注意深く見ていれば,1つや2つの「とっておきのいい話」が見つかるはずです。病気や事故などの緊急な報告はともかく,子どもの成長がうかがえる行為やほほえましいエピソードを覚えておいて,まずは,それを話の糸口にしてください。

❖深刻な話題は,事実のみを淡々と

たとえば虐待と思われる身体の傷について尋ねるような場合でも,頭から非難する口調にならないように気をつけて,けがの原因や治療の有無などを聞いてみましょう。子どもの他児への乱暴やパニックのような行動を報告する必要があるときにも冷静に伝え,家庭ではそういった行動が見られるのか,見られたときには保護者はどのように対応しているのかを聞いてみてください。また,園での保育者の行った対応について報告し,家庭で引き続き配慮をお願いしましょう。

❖「聞き上手な保育者」でいよう

あなたの周りに,「あの人のそばにいるとホッとする」というような人はいませんか。そのようなホッとさせてくれる人をよく観察してみると,聞き上手なことに気づくと思います。保育者には是非聞き上手になって,保護者のこころの揺れや行き場のないもやもや感につき合ってほしいと思います。保護者が元気だと,子どもは幸せです。

Part1 理論編

Part2 実践編

Part3 アイディア集

111

❖まずは，保護者を大切に

　子どものことを思うあまりに，保護者に助言や注意をしているうちに，いつの間にか保護者からけむたがられるようになってしまった保育者がいます。保育者には保護者を責めるつもりはなく，子どもにとってよかれという気持ちだったのですが，保護者にはそうした保育者の思いは伝わらずに，「ダメな保護者」と責められている気がしたのでした。これでは，保護者と保育者が連携できるはずがありません。子どもの健やかな成長を願うならば，保育者が保護者のことをしっかり思いやることが大事ではないでしょうか。保護者も「お母さん」として，あるいは「お父さん」として，成長する過程にいます。保育者から認められて，信頼されて，保護者も自信を得るのです。

❖行為はNO，でも保護者の身になると？

　「保護者を思いやる」とはいっても，子どもを怒鳴り散らしていたり，子どもに邪険に接していたりする保護者を見ていると，保護者を「大切に」という気持ちになるのはむずかしいかもしれません。でも，そのようなときに，保護者の立場に立って「若いのに1人でがんばっているな」「経済的に大変そうなのによくやっているな」などと考えてみると，保護者の行為は絶対にNOであっても，保護者の大変さやつらさには少し共感できるかもしれません。そして，そのような気持ちを少しでも保育者が持っていれば，保護者のこころも保育者に向けて開かれるのではないでしょうか。

【参考文献】　・大場幸夫ほか『外国人の子どもの保育』萌文書林，1998
　　　　　　　・『見過ごさないで！　子どもたちのSOS』学習研究社，2003
　　　　　　　・汐見稔幸，小西行郎，榊原洋一（編著）『乳児保育の基本』フレーベル館，2007

Album 04 おさんぽたのしいな

　お天気がいいときには，お散歩に出かけます。犬や猫を見かけることもあるし，咲いている花に足を止めることもあります。

▲通りがかった畑に，朝顔が咲いていました。先生と一緒にきれいな朝顔をながめました（0歳児クラス，8月）。

▲カメラに向かって一緒にポーズをとろうとしたら，子どもたちがみんな，先生の方を向いてしまい，先生は思わず笑ってしまいました（0歳児クラス，10月）。

▲室内で歩くのは上手になったけれど，靴をはいて外で歩くのはどうかな…。しっかりとした歩みに，成長を感じます（0歳児クラス，10月）。

▲お散歩車に乗って，「いってきまーす」。外は寒くなったけれど，みんなでお散歩に出かけるのはうれしいな。先生方もすがすがしい表情です（1歳児クラス，12月）。

Column 06 宗教について考える
——保護者との信頼関係のために

❖「宗教」はこわい？

　保育の現場では，多様な保護者に出会います。保護者の多様性について考えるとき，忘れてはならないのが宗教に関わる問題です。宗教と聞くだけで「こわい」「わからない」と言って拒絶反応を示す人もいるようですが，宗教は個人が人生や世界をどうとらえるかという世界観と大きく関わっているのですから，先入観を持たずに関心を深めたいものです。

　一般的に，日本人の宗教観はあいまいであるといわれます。初詣は神社へ出向いて拝み，結婚式はキリスト教式，弔いの儀式は仏教というように，信仰の対象を限定しない人が多いようです。その一方で，信仰を理由にして厳格な生活様式を貫く人もいます。日本国憲法では，信教の自由を保障しており，信仰に基づく生活様式はいずれも尊重されなくてはなりません。ただ，多様な背景を持つ人々が集う福祉施設や学校では，個人の権利と集団生活の両立を果たすために，さまざまな努力が求められることになります。

❖事前に知らせて，話し合う

　たとえば，保育所の子どもたちを連れて散歩に出かけ，近くの神社に思いつきで立ち寄ったとします。悪気のない行動であったかもしれませんが，それを後から知った保護者から，「信仰と反することなので止めて欲しい」という申し出が寄せられる可能性があります。外国籍の保護者で，厳格に自身の信仰を守っている場合も同様です。こうした誤解を未然に防ぐためには，あらかじめ散歩のルートを保護者に伝えておき，神社に立ち寄ることを明らかにしておけば，保護者からの申し出を引き受ける余地が生まれ，対応することができます。

　ただ，神社仏閣の建造物や樹木などの美しい風景に開放感を得ることもありますし，境内にある公園の固定遊具で子どもたちを遊ばせたい場合もあるでしょう。

　こうした場合には，風景に接することや固定遊具で遊ぶことなどの意味について説明して理解を求める一方で，神殿で拝まないことを約束して安心してもらうことも大切でしょう。

❖伝統行事は宗教？

　節分の豆まきや七夕の行事を行おうとするとき，日本に移り住んで間もない外国籍の保護者で，信仰に反するからといって，わが子が活動に参加することを拒む例があるようです。通常，豆まきや七夕を伝統行事だと考えても，宗教的な行事だとは考えませんが，そうした申し出についても引き受けて話し合うことが大切です。

　節分につきものの鬼や七夕の主役である織姫・彦星は空想上の存在であって，信仰の対象ではないことを知らせます。そして，伝統行事は子どもたちの季節感を育て，生活に潤いをもたらすために役に立つこと，日本では季節の移り変わりを感じる行事を大切にすることなどについて説明します。

　保育者にとっても，行事の意味を問い直すよい機会となるでしょう。

　保護者が，信仰を理由にして個別の対応を求めるかもしれません。でも，子どもは自分だけが別行動であることにとまどう可能性も考えられます。ほかの子どもたちと一緒に活動ができる部分が見出せるかどうか，保護者と話し合いたいものです。

❖食習慣にも配慮

　イスラム教の信仰を持つ人々は，豚肉を食べない食生活を貫いています。豚肉を煮込んだエキスであっても許されないとされます。給食やおやつのメニューをあらかじめ保護者に知らせ，材料も明らかにしておくことは，食物アレルギーの問題だけでなく，宗教的な観点からも有効です。

※参考：仏教やキリスト教などの宗教主義を掲げる保育所では，その保育方針に賛同した保護者が子どもを入園させています。このことにより，宗教主義に基づく保育活動を展開することが可能となっています。

Lesson 14
発達の遅れとむき合う
——保護者を支える

このLessonでは，とくに「発達」という観点から保護者との連携を考えてみましょう。子どものその時期の発達の特徴をよく理解しておかなくては，ある子どもの発達の過程が通常とは異なることに気づくことはできません。身体的・運動的側面や心理的側面，社会的側面，情緒的側面から，子どもの発達を把握しましょう。

01 | 発達の遅れに気づく

❖「発達障害[1]」についても理解を深めよう

視線の合わない子ども，だっこするとからだをグニャッとしたり反対に反り返らせたりと抱きにくい子ども，「要求」の指差しがなかなか出ない子ども，興味に偏りのある子ども，簡単なやりとりができない子どもはいないでしょうか。からだの発育やことばの遅れは比較的気づきやすいのですが，こうした行動面の特徴に気づくには，やはり，しっかりとしたプロの目が必要となります。最近は，「発達障害」と診断される子どもが増えてきて，メディアにもたびたび取り上げられるようになりました。こうした子どもたちの早期発見は，早期療育につながり，子どもたちの将来を生きやすくすることもわかってきています。発達障害などに関しても研鑽を積みましょう。

> [1] 発達障害とは，生まれつきの脳機能の発達のアンバランスにより，社会生活に困難が生じる障害である。周囲の理解不足から自尊心の低下を招きやすく，早期からの支援が必要とされる。

02 | 保育者からの発信のしかた

❖信頼関係があってこそ伝えられる

保育所で，子どもの発達の遅れに気づいたり，行動面が気になったりしたら，あなたはどうしますか。これは，とてもデリケートな問題なので，慎重に進めないと，必要以上に保護者を不安にさせたり保護者の怒りをかってしまうことがあります。

まずは園長や主任に相談して，子どもの発達像の確認をすることはいうまでも

Lesson14 ●発達の遅れとむき合う

ありません。保護者に話すのはその後のことになると思いますが，このような
ときにも保護者との間に信頼関係があると，両者の思いがひとつになるのにそれほ
ど時間はかからないように思います。信頼関係があればこそ，保護者は保育者の
あなたの声に耳を傾けるのです。保育者が関わっている子どもの向こうには，必
ず保護者が存在することを，いつも忘れてはいけません。

❖「園では○○○なのですが，お家ではどうですか」と聞いてみよう

　保育者が，子どもを保育の場で見ていて「気になっているところ」を伝え，家
でのようすを聞いてみてください。「遅れている」や「おかしい」などの断定的
なことばは避け，「気になっている」などのような遠まわしな言い方をしますが，
「気になるところ」についてははっきり伝えましょう。そして，家庭でも同じな
のか，またそうであるならば，家庭では保護者がどのように対応しているのかも
尋ねてみると，保護者なりの工夫が返ってきて，保育者が子どもと関わるときの
ヒントになることもあります。案外，「家でも困っているんです」といったこと
ばが飛び出して，保育者と保護者とが同じ視点に立てることもあります。

03 | 保護者を支える

❖発達の遅れがはっきりしたときがスタート

　そして保護者と保育者との思いが一致したら，病院などの関係機関での診断，
そして療育となるのですが，診断を受けることが最終目的になってしまわないよ
うに気をつけたいものです。とくに発達障害などがはっきりすると，保育所での
自分の役目は終わったとばかりに，その子どもの保育に消極的になる保育者が
ときどき見受けられるのは残念なことです。発達の遅れなどがはっきりしたならば，
そこからが，その子どもへの適切な保育のスタートなのです。地域にある専門機
関や保育の巡回相談員を大いに活用しましょう。そうした療育の専門家の助言を
受けたり，研修を受けたりして，自分の目の前にいる子どもにとって一番"よい
環境"をつくってあげてください。子どもの身近にいる保育者こそが，まさに人
的環境の重要なひとつであることを思い出してください。

Part1　理論編

Part2　実践編

Part3　アイディア集

117

❖保護者は苦しんでいる

　子どもになんらかの発達上の問題が見つかると，多くの保護者が，自分のせいだという思いでいっぱいになります。

　3歳のときに自閉症の診断を受けたある子どもの母親は，「自分が妊娠中に外出もせずに，家に閉じこもって編みものに夢中になっていたから，子どもは自閉症になった」と，自分を責めていました。また，注意欠陥多動症の診断を受けた子どもの母親は，「よちよち歩きの時期に，母親である自分がぼんやりしていたから子どもが転んで頭を打ち，そのせいで子どもが注意欠陥多動症になった」と，悔やんでいました。

　子どもの障害に関する正確な知識を得ても，しばらくは上記のような誤った思い込みから逃れられずに，保護者のこころは混沌のなかで苦しんでいます。ときどき攻撃的になったり，反対に依存的になったり，保護者のこころは大きく揺れています。

　また子どもの障害が明らかになって，夫婦関係や祖父母との関係に溝ができ，またたく間にそれが大きくなり修復不可能になることさえあります。まさに孤軍奮闘の状態に追い込まれる保護者だっているのです。

　そうした保護者に無神経なことばをかけることがないように，十分に気を配って欲しいものです。保育者であるあなたの一言が，保護者をなおいっそうつらい気持ちにさせることも，反対に少しの勇気を与えることもできるのです。

Lesson14 ●発達の遅れとむき合う

❖保護者は，子どもの一番の先生

　子どものことを一番よくわかっているのは保護者です。子どもの幸せを一番に願っているのも保護者です。このようなわかりきったことを，たくさんの子どもと関わる保育の仕事をしていると，つい，忘れてしまうことがあります。保育の専門知識を持っている自分こそが，その子どものことを一番よくわかっているという気になってしまいがちになるのです。

　でも，障害のある子どもの保護者の多くは，診断の告知を受けた最初こそ混乱しているものの，その後，インターネットや図書館で関連する書物を調べたり，研修会に参加したりと猛烈に勉強し，子どもにとって役立つ情報を吸収します。そして，なにより自分の子どもを見る目が確かなものになってくるのです。そのような保護者から保育者が学ぶことは多いはず，子どもの特徴や対応のしかたを謙虚に保護者から学びましょう。発達に遅れのある子ども，障害を持った子どもと関わった経験は，保育者のあなたにとってかけがえのない宝物となるに違いありません。保護者と連携して，子どもの将来を見すえた保育に，積極的に取り組んでほしいと思います。

【参考文献】　・田中康雄（監修）『わかってほしい！気になる子』学習研究社，2004
　　　　　　　・高山恵子（監修）『育てにくい子に悩む保護者サポートブック』学習研究社，2007

Part1　理論編

Part2　実践編

Part3　アイディア集

119

Column 07 育休明けママの子育て日記

　出産を機に仕事を辞める女性がまだまだ多いことからもわかるように，仕事と子育ての両立は簡単なことではありません。しかし，自分たちなりのワーク・ライフ・バランス（Part 1 理論編 Lesson01を参照）を模索しつつ，日々奮闘している家族も少なくありません。家庭によって，それぞれ事情は違っていても，仕事復帰にあたって，はじめて子どもと離れること自体への不安や，子どもが病気になったときの苦労などには共通するものがあるのではないでしょうか。

　少し特殊な例になるかもしれませんが，育休明けママの1人として，ここでは，私の育休復帰の記録を紹介します。

　2008年4月1日，約1年間の産休・育休期間を経て仕事に復帰し，同時に娘は保育所に入園しました。前年4月に娘が生まれてから，ほとんど娘と離れることなく過ごしてきた私にとって，不安だらけのスタートでした。思い返せば，子どもが誕生してから，私たち夫婦の生活は一変しました。完全に子ども中心の生活になり，夫婦の会話のほとんどは子どもの話題です。

　わが家は核家族で，同じく大学教員の夫と共働きです。しかも，私たちはそれぞれの親とは離れたところに住んでおり，子育てを日常的に助けてもらうことはできません。そこで，職場復帰のための準備は，まず，夫と私の時間割がなるべく重ならないように調整することからはじまりました。子どもが保育所を休んだ場合，自宅でどちらかができるだけ子どもと過ごせるようにするためです。また，つねに年度内のお互いの予定が把握できるように，それぞれの仕事開始時間・終了時間，送迎の担当を書き込んだ一覧表を1年分作成しています。それを手帳とともにいつも持ち歩いて，予定を入れるようにしています。

　いざというときのために自治体の病児保育サービスにも登録していますが，まだ乳児のうちは，体調がよくないときはできるだけ自宅で親と一緒に過ごさせたいと考えています。そうはいっていられないときがいつか来ることが予想されますが，まずは夫婦2人でやれるところまでやってみようとスタートしました。そしてスタートしてからの半年間は，予想どおり，いいえ，予想以上に山あり谷ありでした。

　では，その日々を保育所の連絡帳とメモをもとに少しふり返ってみたいと思います。

○4月1日（火）

　入園式。在園児のお兄さん，お姉さんの歌を楽しそうに聴き，首にかけてもらった手づくりのメダルが気に入って，とてもご機嫌。娘がお世話になる0歳児クラスの子どもたちは，まだ赤ちゃんで本当にかわいい。初めて園でいただいた離乳食もおいしそうにおかわりし，ひと安心。

○4月5日（土）

　早朝3時ごろ，激しく泣く娘に起こされ発熱に気づく。この日は土曜だが，私の勤務先は年度初めのオリエンテーション期間中で，夫も校務がある。急いで予定を確認し，午前中は私が，午後は夫が交替で仕事を休むことを決め，午前8時ごろ大学に連絡したところ，私が担当するはずの仕事を事務局の方が負担してくださるとのこと。確かに，ここで子どもの体調を回復させないと，来週以降，今度は授業を休講にしなくてはならなくなる。感謝と申し訳ない気持ちで一杯になりながら，事務局の方のアドバイスにしたがうことにした。

○4月9日（水）

　4月中はまだ慣らし保育期間中で，いつも12時ごろにお迎えに行くようにしていた。ただ，この日は私が午後3，4限授業で，夫もほぼ同時刻に会議があり，仕事を抜けられない。子どもは保育所で緊張のためか，まだ飲めない・食べられない，したがって寝ないという状況で，お昼ごろまでいるのが精一杯の状況。なんとか私が授業を終えて保育所に着く午後5時ごろまでがんばってもらわなくてはならない。そこで園の先生に相談の上，お昼に授乳に来ることになった。1時間半以内に大学を出て，また戻ってこなければならない。結局ギリギリで3限に間に合う。入園前に保育所と同じミルクを買って何度も練習したのに，それまで母乳一辺倒だった娘は，まったくミルクを受けつけなかった。保育所に預けるつもりならば，生まれたときからある程度はミルクに慣れさせておくことが必要だったと反省。

○5月中旬

　ウイルス性の腸炎にかかる。はじめ，軽い下痢だと思って保育所に預けていたが，

なかなか治らないので再度診察を受けたら，ウイルス性の腸炎とのこと。結局10日間近く下痢・嘔吐が続く。仕事を優先して娘を保育所に預けた日，動く元気もなくて保育所でずっと横になっていたらしい。思い出しては，申し訳ない気持ちで胸がつまる。親2人も子どもから感染し，週末は3人全員が病院を受診した後，自宅でぐったりして過ごす。結局，娘が5月に登園したのは12日だけだった。体調がなかなか戻らず辛そうに泣く娘をだっこしながら，このまま仕事を続けるべきか否か，という迷いが，このころ何度も頭をよぎった。

○7月17日（木）

早朝5時。ぐずる娘に目が覚め，発熱に気づく。明らかに登園できる体調ではない。慌てて夫を起こし仕事の予定を確認すると，午後1時から会議とのこと。私は1，2限授業で，私が授業を終えて急いで帰宅し，夫がギリギリに自宅を出発したとしても，約1時間半，自宅に誰もいないことになる。結局，夫が会議への参加を遅らせて，午前中，自宅で娘をみることにし，私の勤務先の最寄り駅のホームで子どもを受け渡しするという方法でこの状況を乗り切ることにした。授業を終えて待ち合わせのホームに駆けつけ，なんとか間に合ったが，その日に整理するはずだった学生の提出物を1,000枚以上も持ち帰らねばならなくなり，子どもと一緒にやっとの思いで自宅にたどり着く。4月以降，仕事は余裕のあるスケジュールで片づけるよう心がけていたのだが，度重なる突然の子どもの発熱で予定通りにはいかないことが多い。娘の発熱は夏風邪だった。このときも親が風邪をもらい，3人の誰かが風邪をひいている状態がしばらく続く。

これらは日々の記録のほんの一部です。まだ仕事に復帰してから半年しか経過していなかったこのころは，やってみればなんとかなるものだという思いと，これからまだしばらくはこうした生活が続くと思うと気の遠くなる思いとがいつも交錯していました。一方で，日々の生活はこんなにも大変なのに，ゆっくり大きくなってね，いつまでも赤ちゃんのままでいて欲しいな，と思う自分もいたのですから不思議です。

育休からの復帰の記録ということで，大変な思いをした話ばかり書いてしまいましたが，子どもが見せてくれる笑顔や日々の成長といった，それ以上の喜びを子どもからもらっていることも，つけ加えておきたいと思います。

いろいろと迷いながらの職場復帰でしたが，うれしいこともたくさんありました。まず，保育所に通うようになって，娘が先生やお友だちと楽しそうに過ごしているようすを見ることは，私たちの大きな喜びとなりました。そして，お迎えのときに私を見つけて笑顔で歩いてきてくれるときが，1日でもっともうれしい瞬間になりました。その笑顔に早く会いたくて，駅から保育所までの道のりは，思わず小走りになってしまいます。ワーキングマザーをしていてよかった，と思う瞬間です。そして，娘は保育所大好きっ子になりつつあります。先生やお友だちと会うとうれしそうな表情を見せ，家庭ではなかなかできないようないろいろな体験をしてきます。核家族のわが家にとって，ともに子どもの成長を見守ってくださる先生方の存在は，本当にありがたく，心強いものです。子どもが豊かな人間関係のなかで育つことの大切さを実感する毎日です。

　子育てと仕事の両立を続けていくなかで，これから子どもの成長の折々に新たな問題に直面することでしょう。考え方はいろいろあっていいと思いますが，親になった以上，迷ったときには子どもにとって最善の道を選択していければと思っています。そのうえで仕事の責任をどこまで果たせるか，模索の日々は続きそうです。

続編　―十数年を経て思うこと―

❖保育所での日々をふり返って

　上記のコラムで書いた子育て日記から十数年の歳月が過ぎました。その後長男も誕生しましたが，幸い保育所に通うことができ，子ども2人を保育所に預けながら仕事を続けてきました。すでに子どもたちが中高生になった今，あらためて保育所で過ごした日々のことを思い出し，感謝の気持ちでいっぱいです。ここでは子どもと親のそれぞれの立場からふり返り，保育所がどういう存在であったかを考えてみたいと思います。

　まずなにより，子どもにとって保育所での経験がとても意義深いものであったということを感じます。上記のコラムで書いたようにはじめは集団生活になかなか慣れず，すぐに体調を崩して園をお休みしたり急な熱で呼び出されたりということが多かったものの，次第に園生活に慣れ体力もついてきて，子どもたちそれぞれに園での生活を楽しんでいるようすがうかがえました。長女は読書好きですが，きっかけを本人に問うと，保育園で先生に読んでいただいた本がとてもおもしろかったから，と答えます。また，長男は走ることが大好きですが，きっかけは園での運動会でのかけっことその後のリレー遊びです。2人とも，保育園時代に好きなことや得意なことを見つけることができたことは，とても幸せなことです。また，いつもお迎えの時間まで，寂しくなかったかと問うと，寂しいと思っ

たことはない，とのこと。子どもたちにとって保育所という場所がとても安心できる場所であったことを感じます。そして，保育園に行っていてよかったと思うことはと尋ねると，長い時間お友だちといるのでけんかもするけれど，お友だちと仲良くできるようになった，とのこと。先生やお友だちに囲まれて，とても充実した園生活が送れていたことがうかがえます。

　そして親にとっても，保育所に子どもを預けたことはとてもよい経験となりました。とくに私のような核家族にとって，子どものことをいつでも相談できる保育所の先生がいてくださったことは，大変心強いものでした。慌ただしい日々のなかで，送り迎えの際の先生との会話から子どもの成長を感じ，また，子どもがお友だちと楽しく過ごしているようすを知ることができ，安心して子どもたちを預けることができました。先生がお忙しいなか書いてくださる連絡帳や保育室の前のホワイトボード，園での行事ごとに先生がつくってくださる壁新聞はお迎えの時間の楽しみでした。とくに写真つきでいつも詳しく書かれた壁新聞からは子どもたちが園で豊かな経験していることが感じられ，うれしく思ったものです。そして，帰り道や夕食時に子どもとそのことを話題にして盛り上がったことも楽しい思い出です。また，保護者会のときに普段の保育のようすを記録したビデオや写真を見せていただいたことも，とても印象に残っています。子どもの意外な一面や家庭では見られない姿に保護者のみなさんと感心したり思わず笑ったりしながら，子どもっておもしろいな，素敵だな，という思いを共有できたことは大きな収穫でした。子どもの成長を一緒になって見守り喜んでくださった先生方の存在によって，子育ての喜びも倍増しました。

　さらに，保育所生活を通じて保護者同士のつながりを持てたことも，意義深い経験でした。保護者会などの機会にディスカッションの場が設けられ，そこで子育ての悩みを共有したり意見を述べ合ったりすることで得られることは多く，保護者同士の連帯も生まれました。

　こうしてふり返ってみると，子どもたちは先生方やお友だちと，私自身は先生方や保護者と，それぞれ保育所という場を通じて多くの人と出会い，経験を重ねることができたことに気づきます。核家族化が進み地域社会の人間関係も希薄化する現代において，あらためて保育所の果たす役割の大きさを確認することができます。

　また，子育てと仕事の両立を支える保育者の役割も一層重要になっています。2008年度には男性の育児休業取得率は1.23％でしたが，2023年度には30.1％となっています（「令和5年度雇用均等基本調査」）。政府はこの間，子育てと仕事の両立支援の一層の推進を目指し，企業でも雇用形態の多様化等の独自の取り組みが見られるようになりました。こうした動向のなかで，保育者の役割は「子どもの最善の利益」を軸に専門性をもって保護者の不安や疑問に寄り添い子育てを共に担うことであり，子どもの発達を保障することを通して子育てと仕事の両立支援をすることが，ますます求められているといえるでしょう。

「Part 1　理論編」をより深く学ぶためのおすすめの本など

Lesson01
・大日向雅美『増補 母性愛神話の罠』日本評論社，2015
・遠藤利彦『赤ちゃんの発達とアタッチメント－乳児保育で大切にしたいこと』ひとなる書房，2017

Lesson02
・全国保育団体連絡会・保育研究所（編）『保育白書』ちいさいなかま社，各年度版
・映像情報センター（企画・製作）『人は群れて育ち合う〜今，保育に求められるもの〜』（※DVD）

Lesson04〜06
・厚生労働省『保育所保育指針　平成29年告示』フレーベル館，2017
・大宮勇雄・川田学・近藤幹生・島本一男（編）『どう変わる？ 何が課題？ 現場の視点で新要領・指針を考えあう』ひとなる書房，2017
・無藤隆・汐見稔幸・砂上史子『ここがポイント！ 3法令ガイドブック』フレーベル館，2017

Lesson09
・中川信子『健診とことばの相談』ぶどう社，1998
・中川信子『ことばをはぐくむ』ぶどう社，1986

Lesson10
・田村幸子（監修）『保育に役だつ子どもの健康＋病気ハンドブック』学研プラス，2007

Column04
・神山潤『子どもの睡眠　眠りは脳と心の栄養』芽ばえ社，2003

Lesson12
・神田英雄『伝わる心がめばえるころ―二歳児の世界』かもがわ出版，2004
・神田英雄『育ちのきほん―0歳から6歳』ひとなる書房，2008

Lesson13・Column06
・『多文化共生保育Q＆A』大阪保育子育て人権情報研究センター
・安藤幸一ほか『多文化共生への保育 保育・行事を見直す』大阪保育子育て人権情報研究センター，2007

・荒牧重人，榎井縁ほか（編）『外国人の子ども白書－権利・貧困・教育・文化・国籍と共生の視点から—』明石書店，2017

Lesson14
・高山恵子（監修）『育てにくい子に悩む保護者サポートブック』学研プラス，2007

◆Part 1 理論編を通して…
・小西行郎，小西薫『赤ちゃんのしぐさBOOK』海竜社，2005

Part 2
実践編

Lesson 01 だっこのしかた・おんぶのしかた
―― 乳児とのふれ合いの基本を学ぶ

01 | よこ抱きの方法

❖ よこ抱きのポイントと注意点

・首がすわる前の赤ちゃんを抱くときは，後頭部を腕で支えるよこ抱きにします。
・抱く前の準備として，安全・清潔のために，指輪，ブレスレット等の装飾品や時計をはずし，爪を短く切り，髪や服装を整えます。
・よこ抱きは，抱く人の顔が赤ちゃんによく見える抱き方ですから，抱いている際の表情も伝わります。笑顔で声をかけながら抱きましょう。

①頭の両側に手を添えて

目線を合わせて声をかけ，頭の下に両手を添え，片方の手を頭の下に差し入れて首を支える。

②片方の手を滑らせて

①で差し入れた手と反対の手を首の下に滑り込ませて頭を支え，①で支えていた手をはずし，その手を股の間から差し入れて，おしりを支えそっと抱き起こす。

③首と腰を支えてよこ抱きに

片方の手を反対の肩の下の背中の方にずらし，乳児の頭と首をひじで支え，もう片方の腕で腰部を支える。足は自由に動かせるようにしておく。

・寝かせ方

寝かせるときは，頭と腰部を支え，おしりを下ろしてからだを横にし，腰を支えていた手をそっと抜く。最後は，両手で頭を支えながら静かに頭を下ろす。

赤ちゃんはだっこやおんぶが大好きです。泣いたときなどには，赤ちゃんの気持ちに共感しながら目線を合わせてやさしくことばをかけて関わりましょう。よこ抱きでは，股関節脱臼予防のために自然な足の形を保ちながら抱きます。また，保育者のからだに密着させ，赤ちゃんの首を腕でしっかり支えて抱き，落とさないように安全面に留意しましょう。

02 | たて抱きの方法

❖たて抱きのポイントと注意点

・首がすわった赤ちゃんはたて抱きができますが，完全におすわりができるようになるまでは背筋がしっかりしていないので，背中も支える必要があります。
・たて抱きは視界が広がるので，赤ちゃんにとっては気分転換になります。
・だっこにはバリエーションがあります。外向きにひざの上に座って抱かれるのが好きな赤ちゃんなど，好みも出てくるので，赤ちゃんの喜ぶ方法を探しましょう。

①わきの下に手を差し入れる

赤ちゃんの目を見ながらことばをかけ，両わきの下に両手を差し入れる。

②両わきを支え，ゆっくり起こす

両わきを支えてそっと抱き上げる。このとき，腕を引っ張って起こすことはしない。

③片腕でおしりを抱きかかえる

片方の腕でおしりを支え，もう片方の手で背中を支えて抱く。

・腰骨に乗せて安定させる

赤ちゃんが安定しない場合は，保育者の腰骨の上に乗せるようにして抱くとよい。首がすわっても両手で抱く。

03 | おんぶの方法

❖おんぶのポイントと注意点

- おんぶは首がすわってからにします。赤ちゃんのおんぶは，基本的におんぶひも[1]などの補助具（次ページ「おんぶひもの例」を参照）を用いて行います。
- 上のひもは，首を圧迫しないようにわきの下に通し，赤ちゃんの腕をひもの外に出します。また，リングつきのひもは，太ももの下に通します。
- おんぶをする際は，うしろ髪が赤ちゃんに触れないように気をつけましょう。
- おんぶは，おとなと赤ちゃんが互いの肌のふれ合いや一体感を得られるスキンシップとしてだけでなく，災害避難のような場においても活用できる技術です。
- おんぶしているときは赤ちゃんの異常に気づきにくいので，鏡などをときどき見て，赤ちゃんの表情を観察しましょう。
- 赤ちゃんの胃は，おとなと異なりトックリのような形をしているので，授乳直後におんぶをすると腹部が圧迫されて吐乳しやすくなります。このため，授乳直後のおんぶは避けた方がよいでしょう。また，長時間のおんぶは避けましょう。
- 赤ちゃんをおんぶしていることをつねに意識し，柱などで赤ちゃんが頭を打たないように周囲の状態にも気を配りましょう。
- おんぶをすると重心が普段と異なるので，転倒などの事故に注意しましょう。

[1] 本書では，おんぶに使用する際の補助具を「おんぶひも」と表現しているが，おんぶにもだっこにも使えるものを総称して「だっこひも」と呼んだり，そのほかに「子守帯」という名称で市販されていたりするなど，複数の呼称がある。

①おんぶひもを広げる

長いひもが上側にくるようにおんぶひもを広げ，赤ちゃんの背中にあてる。

②背中にまわす

赤ちゃんの腕が①の上側の長いひもの外に出るようにして通し，赤ちゃんの胸の前でひもをつかむ。そのひもを片方の肩にかけながら赤ちゃんを背中にまわす。

Lesson01 ●だっこのしかた・おんぶのしかた

・介助者に手伝ってもらう

慣れないうちは,赤ちゃんを落とさないように,介助者に背中に乗せてもらうとよい。

③ひもを両肩にかける

子どもが落ちないように前傾姿勢をとりながら背負って,ひもを保育者の両肩にかける。

④ひもを通し,お腹の前でしばる

前傾姿勢で腕の前でひもを交差させ,両わきのリングに通し,お腹の前でしばる。

・からだが離れないように

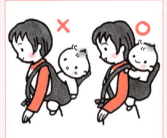

赤ちゃんとからだが離れると,赤ちゃんが頭を周りにぶつけたりする危険があるので,からだとからだを密着させるようにする。

・おんぶひもの例

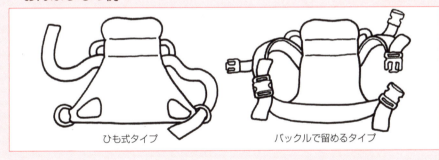

おんぶひもには胸でクロスしない留め具式リュックタイプなどいくつかのタイプがある。発達に合わせて選び,あらかじめ装着方法を確認しておこう。

【参考文献】 ・茶々保育園グループあすみ福祉会『見る・考える・創りだす乳児保育Ⅰ・Ⅱ』萌文書林,2019

Lesson 02 乳児の衣服の基礎知識
―― 衣服の特徴と扱いを知る

01 | 衣服の選び方

❖衣服選択のポイントと注意点

・赤ちゃんは新陳代謝が盛んで，からだのなかにこもった熱を放散するために，たくさん汗をかきますから，肌着は吸湿性，通気性のよいものを選びます。赤ちゃんが清潔にする心地よさを感じられるように，適切に着替えをするようにしましょう。
・その一方で，赤ちゃんは体温調節能力がまだ十分ではないため，冬場は保温性のある衣服を選ぶことも大切です。素材は木綿が適しています。季節や室温に応じて，ベストなどを重ねたりして衣服を調節しましょう。
・衣服の調整にあたっては，実際に赤ちゃんの背中に手を入れたり，えり首を触ったりして汗ばんでいないかを確かめるとともに，顔色や機嫌を見て判断します。
・月齢の低い赤ちゃんは，前開きの肌着がよいでしょう。着脱が簡単で，伸縮性に富み，赤ちゃんの手足が動かしやすい衣服を選びます。
・スタイ[1]は，通常は吸水性のよい木綿が適していますが，食事のときなどには，裏面がビニール地になっているものが便利です。寝かせるときは窒息のおそれがあるので，スタイやエプロンははずしましょう。

[1] これまで一般的に「よだれかけ」と呼ばれてきた乳幼児の胸元の清潔を保つための衣類の一種。そのほか，「あぶちゃん」「かけちゃん」などの呼称も聞かれるようである。

①あおむけの姿勢のころ（生後0〜3ヵ月）【目安】おとなより1枚多め

短肌着　　長肌着　　ベビードレス　or　兼用ドレス

肌着は，縫い目が外側にあるひもで結ぶ前開きのタイプを選ぶ。肌着とベビードレスを基本に，気温に応じて枚数を調節するとよい。

Lesson02 ●乳児の衣服の基礎知識

赤ちゃんの衣服は，とてもかわいいものです。ですが，本来の重要な役目は，皮膚の保護や保温ですので，飾りの多いものより，機能面を重視して衣服を選択したいものです。また，1歳前後になると，おとなとほぼ同じ体温調節ができるようになってくるので，気温に順応する力を育てるためにも，積極的に薄着を勧めます。

② 寝返り・ハイハイのころ（生後4〜9ヵ月）　【目安】おとなと同じか，おとなより1枚少なめ

腹部が出にくく動きやすいロンパースやカバーオールなどを選ぶ。肌着は，活動が活発になるにつれてかぶるタイプのシャツにするとよい。

③ つかまり立ち・1人歩きのころ（生後10ヵ月〜1歳以降）　【目安】おとなより1枚少なめ

前後が区別しやすく，脱ぎ着しやすいものや，上下に分かれたタイプを選ぶとよい。歩きはじめるころなので，転ばないように丈の長さに注意する。

・乳児の靴選びのポイント

歩きはじめの子どもの足は，足の骨も成長途上にあり，土踏まずも未形成であるため，足に合った靴で，着脱しやすいものを選ぶことがとくに重要となる。

【参考文献】　・川原佐公『0・1・2歳児マニュアル』ひかりのくに，2000

Lesson 03 衣服の着せ方・脱がせ方
——着替えの配慮のポイントを学ぶ

01 | あおむけの姿勢での着替え

❖ 前開きの衣服の場合の着替えのポイントと注意点

・首のすわっていない赤ちゃんの着替えは，寝かせて行います。
・脱がせる前に，肌着とベビードレスを重ねて袖を通して準備をしておきます。
・赤ちゃんの手を袖に通すときは，保育者が自分の手を袖口に入れて赤ちゃんの手を握り，通します。赤ちゃんの腕や足を衣服に通すとき，腕や手を引っ張らないようにし，衣服の方を引いて通すように工夫しましょう。

【前開きの衣服を着せる】

① 準備をする

肌着，ベビードレスを重ねて，袖を通しておく。

② 着替えることを，ことばで伝える

「お着替えしましょうね」などと声をかける。着ていた服を脱がせ，①の上に寝かせる。

③ 袖に手を入れ，手を迎えて通す

袖をたぐり，保育者が袖口から手を入れて通す。もう片方の手も同じようにする。

④ ひもを結び，ボタンを留める

肌着のひもを結び，ベビードレスのボタンを留め，背中側のすそを引いてしわを伸ばす。

Lesson03 ●衣服の着せ方・脱がせ方

子どもの着替えのときには,「着替えましょうね」など,着替えを意識できることばをかけましょう。くり返し経験をするうちに,少しずつ子ども自ら着替えに参加するようになります。保育者は,子どもの自分でやりたいという気持ちを大切にし,ていねいに見守り,子どもが少しでも自分でできたときは,十分ほめて達成感を味わえるようにしましょう。

【脱がせるとき】
①ボタン・ひもをとく　　②内側からひじを抜く

前開きの衣服を脱がせるときは,腕を抜くときに赤ちゃんの腕に手を添え,ひじを内側から抜くようにして脱がせる。

・「気持ちいいな」などと言葉をかけ,赤ちゃんが清潔にする心地よさを感じられるようにしましょう。

02 | 座った姿勢での着替え

❖かぶるタイプの衣服の着替えのポイントと注意点

・最初に,シャツのプリントなどを見せて,一緒に前を確認しましょう。
・保育者のひざに子どもを座らせて,うしろから援助します。うしろから援助することで,子どもは自分で着替えたような気持ちになれます。
・着替えのほとんどを保育者が手伝う状況であっても,「今度は手を入れましょう」などと動作をことばで伝えることで,子どもは少しずつ自分から参加するようになります。
・子どもの好きな服を選ばせたり,服を着せる遊びをしたりすることで,衣服の着脱の習慣づくりを楽しく進めていきましょう。

【かぶるタイプのシャツを着せる】

①前の確認をする

「くまさんがついているほうが，前だね」などと確認させてから，前が裏側になるように置き，首を通す側を広げる。

②頭を通す

シャツをかぶせる。「いない　いないばあ」などと声をかけながら頭を通し，顔を出させる。

③腕を通す

「パンチを出そうね」などとことばをかけながら，袖に手を通させる。もう片方も同じようにする。

④着たことを確認させる

着ることができたらほめる。鏡で確認させるのもよい。

※シャツを脱がせるときは，着る手順と逆に，手を袖から抜かせたあと頭を脱がせる。

【ズボン（パンツ）をはかせる】

①前の確認

「ポケットがついているのが前だね」などとことばをかけ，前を確認させる。ズボンの前が見えるように上にして置く。

②片方ずつはかせる

「けんちゃんのあんよ，トンネルから出るかな」などと声をかけ，片足ずつ足をズボンに通させる。

③立ち上がらせて，ズボンを引き上げる

ひざまでズボンを上げたら，「立ってごらん」と立ち上がらせる。「よいしょ」とウエストまでズボンを引き上げる。

④はけたことの確認

はけたことをほめる。鏡で確認させてみるのもよい。

※ズボン（パンツ）を脱がせるときは，はく手順と逆に，ズボンを下ろさせ，ひざに座らせて脱がせる。

❖着替えの自立に向けた支援のポイント（〜2歳後半）

- 着やすいように着る順序に衣服を並べ（右イラスト参照），「ズボン（パンツ）がはけるかな」と声をかけて，子どもが着替えやすい環境をつくります。一般的に，脱いだり，着たりすることのうち，自分でやりやすいのは脱ぐことです。子どもに自分でやりたいという意欲が見えたら，脱ぐことからはじめさせてみましょう。
- 保育者は，時間がかかっても，むかい合って着替えを見守りましょう。
- 2歳のころは，何でも自分でやりたい気持ちが強い一方で，やれるのに「やって」と言う揺れ戻りもあります。子どもの状況に合わせて少しだけ手伝ったり，やり残しの部分をことばで伝えたり，手伝ってよいか尋ねてから手伝ったり，「こっちは，やってみようか」と誘うなど，柔軟に対応します。できたときにほめると，子どもの自信につながります。

【ズボン（パンツ）をはく前の準備】

はく順序に並べておく

Lesson 04 おむつ替えと「おむつはずれ」

01 | おむつ替え

❖おむつ替えのポイントと注意点

- おむつ替えは，1対1で子どもとふれ合うチャンスです。おむつが汚れるたびに，取り替え，清潔の心地よさを子どもに感じてもらえるようにしましょう。
- 食事，睡眠，遊びの前後など，生活の区切りのときは，おむつを替えるよいタイミングです。そのほか，排泄に気づいたら，すぐにおむつを替えましょう。
- おむつ替えのときに，便，尿の状態，皮膚の状態を観察することは，子どもの健康状態の把握に役立ちます。なお，便に異常があるときは，保護者・医師に見せる必要があるため，便は捨てないようにします。
- 股関節脱臼予防のために，足を圧迫したり強く引っ張ったりしないように注意しましょう（次ページ「おむつをあてるときの注意」参照）。また，腹式呼吸を妨げないよう，腹部を締めつけないことが大切です。
- おむつ交換台に子どもがいるときは，交換台から転落しないように目と手を離さないようにしましょう。
- おむつ替えを介してウイルス性胃腸炎などが集団感染しないように，おむつを替えるたびに手を洗いましょう[1]。

1) おむつ替えに関する衛生管理
・便を扱う手順の徹底
・場所の特定（手洗い場があり，食事の場と交差しない場所で交換）
・交換後の手洗いの徹底
・使用後のおむつの衛生管理（ビニール袋に密閉した後に蓋つきの容器に保管等）
こども家庭庁「2018年3月（2023年5月一部改訂）保育所における感染症対策ガイドライン」参照。

【布おむつの場合】

・必要物品を揃えて準備する

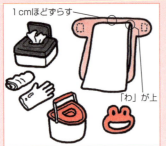

おむつ，おむつカバー，おしりふき（または蒸しタオル），使い捨て手袋（使用が望ましい），おもちゃ（必要時），蓋つきの汚れたおむつ入れなどを用意する。

・男の子と女の子のおむつの準備

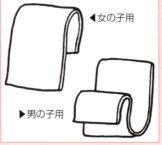

おむつは，女の子はうしろを厚く，男の子は前を厚くしておむつカバーに置く。たたみ方は，子どものからだの大きさに合わせて工夫する。

Lesson04 ●おむつ替えと「おむつはずれ」

汚れたおむつをまめに替えていると，快・不快の感受性が高まります。おむつ替えを通して，赤ちゃんに心地よさを伝え，信頼関係を育てましょう。おむつはずれは，保育者が無理強いをするものではありません。自らトイレに行く習慣を身につけられるように，焦らず子どもに合わせて進めます。

①おむつ交換台へ移動する

「おしりをきれいにしましょうね」などと笑顔で声をかけながら，おむつ交換台に移動する。

②服をたくし上げ，おむつをはずす

動いて替えにくいときには，おもちゃを持たせてみるのもよい。服は汚れないように腰から上にたくし上げる。

・おむつをあてるときの注意

月齢の低い乳児は，とくに足を強く引っ張らず，手でおしりを持ち上げる。股は自然に開き（M型），足を自由に動かせるようにしておく。

③汚れを拭く

おしりふきで，くびれや皮膚の二面の接するところをよく拭く。
女の子：前からうしろに拭く。
男の子：尿道口周囲や性器の裏側をよく拭く。

・おしりが乾くまで

おしりが湿ったままおむつをあてるとかぶれやすいので，おしりが乾いてからあてるようにする。乾くまで乳児体操，マッサージなどをしてふれ合おう。

④おむつをあてる

つまみ寄せる

おむつは，カバーからはみ出さないように工夫してあてる。腹式呼吸を妨げないようおへそが見えた方がよい。

・カバーの確認

指2本入るくらい

腹部は指2本，足は指1本程度入るくらいのゆとりがあるか確認する。最後に足や背中のおむつが，カバーからはみ出していないかチェック。

⑤手洗い・消毒をして記録をつける

・子どもをほかの保育者に託します。
・交換台を清潔にし，手洗いをして記録します。
・記録事項：排泄の時刻，便の性状（固さ，色，におい），量，皮膚の状態。

❖紙おむつの扱い

・紙おむつは手間がかからず，感染症予防のためにも便利です。ただし，吸収力が高いので，交換回数が減ることのないように注意しましょう。使用後は便をトイレに流し，できるだけ小さくまとめて両端をテープで止め，指定された場所に捨てます。なお，パンツタイプに便をしたときなどは，立ったままおむつを交換するほうがやりやすい場合もあります。

・紙おむつ交換のポイント

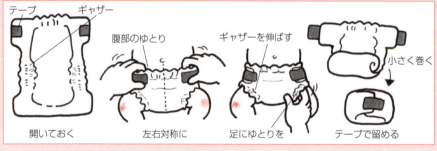

準備として紙おむつは開いておく。左右に偏りなくあててテープで留める。もれ防止のためにギャザーを伸ばす。あてるときの注意は布おむつと同じ。

02 │「おむつはずれ」のために

❖ 「おむつはずれ」のための援助のポイント

・排泄の自立は，個人差が大きく，からだの準備も必要です。膀胱に尿を溜められるようになるのは，1歳後半～2歳ごろになってからです。
・"して（放尿感）" "見て（視覚）" "聞いて（聴覚）"，子どもは排泄を覚えます。
・トイレに誘ったら保育者もつき添います。失敗しても叱らず，できたときにはたっぷりほめることがポイントです。楽しいトイレ環境をつくりましょう。

【トイレ・おまるに誘うとき】

・おまるをこわがらないよう慣れさせる

おまるに関心を持てるよう，明るい飾りつけをするなど工夫する。「いや」「おしっこ！」と意志を伝えることができるようになることもトイレに誘うポイント。

・歩けるようになったら

歩けるようになったらおまるに誘う。友だちと一緒だと，「ぼくも！」と楽しくできる子どももいる。

・排尿間隔が空いてきたとき

排尿の間隔が，2～3時間空いてきたら，お昼寝のあと，目覚めたときなどにトイレに誘ってみる。

・生活の節目のとき

遊び・食事・昼寝の前後に「絵本を読んだらトイレに行こうね」「おしっこしたら，おやつね」などとことばをかけて誘う。できたときは，ほめる。

【参考文献】・茶々保育園グループあすみ福祉会『見る・考える・創りだす乳児保育Ⅰ・Ⅱ』萌文書林，2019
・一般社団法人日本赤ちゃん学協会（編）『睡眠・食事・生活の基本』中央法規，2016

Lesson 05 授乳のしかたとその準備
——人工乳・冷凍母乳の扱いを学ぶ

01 | 調乳の方法

❖調乳のポイントと注意点

- 調乳とは，ミルクをつくることです。
- 手を流水と石けんでよく洗ってから調乳をはじめます。
- ミルクは，前もって消毒しておいた哺乳びんに，一度沸騰させたお湯を用いてつくります。
- 粉ミルクは，缶に封入されていた専用スプーンで正確に測りましょう。
- 粉ミルクを溶かすときには，泡立てないようにふって溶かします。

①手を洗う

手を流水と石けんでよく洗う。

②お湯をできあがり量の1/2くらい入れる

消毒済みの哺乳びんに，70℃以上のお湯（一度沸騰させたもの）をできあがり量の1/2量程度入れる。

③粉ミルクを測って入れる

粉ミルクを専用スプーンですり切って測り入れ，泡を立てないように軽くふって溶かす。

・お湯を足し，粉ミルクを完全に溶かす

お湯をできあがり量まで足し，乳首，キャップをセットし，泡立てないようにふって粉ミルクを完全に溶かす。37℃程度に冷ましてから授乳する。

赤ちゃんの食事は母乳やミルク（人工乳）です。食事はからだの成長のために必要なだけではなく，食事を通しての保育者との関わりのなかで，こころの安定が図られる「こころの栄養」を得られる場でもあります。そのため，保育者が余裕を持って，ゆったりとした気持ちで援助できるように準備を整えましょう。

02 | 冷凍母乳の取り扱い

❖冷凍母乳の取り扱いのポイントと注意点

・冷凍母乳の解凍は，自然解凍か流水に浸けて行います。高温で解凍すると，母乳に含まれる免疫物質が壊れます。
・冷凍母乳を解凍したら，前もって消毒しておいた哺乳びんに移し，湯煎で40℃くらいに加温し，授乳する際に，母乳の温度が人肌くらい（37℃程度）であるかを確認してから授乳します。

①手を洗う

手を流水と石けんでよく洗う。

②冷凍母乳を解凍する

冷凍庫から冷凍母乳を取り出し，名前・日付・時間等を確認し，母乳パックごと流水に浸けるか自然解凍で解凍する。

③母乳を哺乳びんに移す

冷凍母乳が完全に溶けたら，母乳パックを開け，消毒済みの哺乳びんに移す。その際，母乳パックや哺乳びんの内側を手で触れないように注意する。

④母乳を湯煎で温める

哺乳びんごと40℃くらいのお湯の入ったボールに入れ，母乳を温める。温まったら，温度を確認してから授乳する。

03 ｜ 授乳のしかた

❖授乳のポイントと注意点

・授乳の前におむつが汚れていないかを確認して，汚れていたら交換してから授乳をします。
・子どもが口のなかをやけどしないように，また，冷たいと下痢をすることがあるので，ミルクの温度が人肌くらい（37℃程度）であるかを保育者の前腕内側に垂らして確かめてから授乳しましょう。
・授乳時間は15分くらいが適当です。早く飲み終わってしまう場合は，量は足りていても満腹感が得られず，ぐずることがあります。哺乳に時間がかかる場合は，乳首が子どもの哺乳力に合っていないことも考えられます。乳首の穴の大きさや形状を変更するなど，子どもの哺乳状態に合わせて乳首を選択しましょう。
・乳児の胃は筒型です。授乳後は排気（げっぷ）をさせ，睡眠中の嘔吐による窒息を予防しましょう。排気が出ずに寝かせるときは，子どものそばを離れないようにしましょう。やむを得ずその場を離れる場合は，ほかの保育者に伝えます。
・授乳後はおむつが汚れていないかを確認し，汚れていたら交換してからベッドに寝かせます。
・授乳後は，哺乳量や哺乳時の乳児の状態などを記録します。

①手を洗う

手を流水と石けんでよく洗う。

②ミルクの温度を確認する

ミルクの温度が適温の37℃程度であるか，保育者の前腕内側に垂らしてみて確認する。

Lesson05 ●授乳のしかたとその準備

③子どもの顔や口の周りを拭く

おしぼりで子どもの顔や口の周りを拭き，あごの下に清潔なガーゼをあてる。

④子どもを抱き上げる

子どもを抱き上げ，利き手と反対側の腕に抱く。

⑤乳首をふくませる

口唇を乳首の先で触れて刺激し，子どもが口を開けたら，乳首をふくませる。

⑥空気を飲み込ませないように授乳する

哺乳びんの底を上にし，余分な空気を飲み込ませないように，乳首がいつもミルクで満たされている状態を保って授乳する。

・話しかけながら授乳する

子どもの目を見つめ，穏やかに話しかけながら授乳する。

⑦排気をする

飲み終わったら口の周りを拭き，子どもをたて抱きにし，背中を軽くさすって排気をさせる。最後に哺乳量を記録する。

【参考文献】
・母子衛生研究会（編）柳澤正義（監修）『授乳・離乳の支援ガイド（2019年改訂版）実践の手引き』母子保健事業団，2020
・阿部和子（編）『改訂　乳児保育の基本』PP143-148，萌文書林，2021
・善本眞弓（編著）『演習で学ぶ乳児保育』PP36-40，わかば社，2020
・兼松百合子，荒井暁子，羽室俊子（編著）『子どもの保健・実習　第3版』PP59-63，同文書院，2020

Lesson 06 離乳食の基礎知識
—— 離乳に向けた食事の進め方を知る

01 | 離乳について

❖離乳のポイントと注意点

- 離乳とは，母乳またはミルク（人工乳）等の乳汁栄養から幼児食に移行する過程をいいます。
- 子どもは離乳の過程で，液体から固体へと食品の形態が変化することや，さまざまな味を体験していきます。
- 子どもの食行動は，誰かに食べさせてもらうことから，自分で食べる自立へと向かっていきます。
- 離乳開始の時期は生後5，6ヵ月ごろで，発達の目安は首のすわりがしっかりして寝返りができ，5秒以上座れる，食物に興味を示したり，哺乳反射[1]が弱まり，スプーンなどを口に入れても押し出すことが少なくなるころです。
- 離乳の進行は1人ひとりの子どもの個性に合わせ，画一的な進め方にならないように，開始から完了までを一連の流れのなかでとらえるようにしましょう[2]。
- 食を通じた子どもの健全育成（食育）[3]の観点からも，時間を決めて離乳食を与え，乳児の「自分で食べたい」という意欲を大事にし，食事を味わって，楽しく食べられるように関わりましょう。

[1] 原始反射のひとつで，3つの反射からなり，1歳くらいで消失する。「探索反射」：空腹時に乳児の口唇周囲に乳首や指などが触れると，反射的に触れたものを探すようにその方向へ頭を回し，口を開く反射運動。「捕捉反射」：触れた乳首を唇と舌でくわえる運動。「吸啜反射」：くわえた乳首を吸う運動。さらに吸った乳汁を飲み込む「嚥下反射」で哺乳が完了する。

[2] 『授乳・離乳の支援ガイド』（厚生労働省，2019年3月）を参照。

[3]，[4] 『楽しく食べる子どもに〜食からはじまる健やかガイド〜』（厚生労働省雇用均等・児童家庭局，平成16年2月）を参照。

・食を通じた子どもの健全育成（食育）の目標[4]

子どもの発育・発達に応じて「食べる力」を育てることと，その「食べる力」を育むための環境づくりの推進が必要である。

Lesson06 ●離乳食の基礎知識

食事の時間は楽しい時間でありたいものです。食事を通して子どものこころとからだが満たされるよう，保育者もゆったりとした気持ちで，話しかけながら介助しましょう。妊産婦や子どもに関わる保健医療従事者が基本事項を共有し，支援できるよう『授乳・離乳の支援ガイド』が策定されています。食の援助の基本ともなるので，このLessonで扱います。

5）「保育所におけるアレルギー対応ガイドライン（2019年改訂版）」（厚生労働省，平成31年4月）を参照。

・離乳食の進め方の目安（厚生労働省『授乳・離乳の支援ガイド』2019年3月より）

		離乳の開始　　　　　　　　　　　　　　　　　　→　　　離乳の完了			
		以下に示す事項は、あくまでも目安であり、子どもの食欲や成長・発達の状況に応じて調整する。			
		離乳初期 生後5〜6か月頃	離乳中期 生後7〜8か月頃	離乳後期 生後9〜11か月頃	離乳完了期 生後12〜18か月頃
食べ方の目安		○子どもの様子をみながら1日1回1さじずつ始める。 ○母乳や育児用ミルクは飲みたいだけ与える。	○1日2回食で食事のリズムをつけていく。 ○いろいろな味や舌ざわりを楽しめるように食品の種類を増やしていく。	○食事リズムを大切に、1日3回食に進めていく。 ○共食を通じて食の楽しい体験を積み重ねる。	○1日3回の食事リズムを大切に、生活リズムを整える。 ○手づかみ食べにより、自分で食べる楽しみを増やす。
調理形態		なめらかにすりつぶした状態	舌でつぶせる固さ	歯ぐきでつぶせる固さ	歯ぐきで噛める固さ
1回当たりの目安量					
Ⅰ	穀類（g）	（つぶしがゆから始める。すりつぶした野菜等も試してみる。 慣れてきたら、つぶした豆腐・白身魚・卵黄等を試してみる。	全がゆ 50〜80	全がゆ90〜 軟飯80	軟飯90〜 ご飯80
Ⅱ	野菜・果物（g）		20〜30	30〜40	40〜50
Ⅲ	魚（g）		10〜15	15	15〜20
	又は肉（g）		10〜15	15	15〜20
	又は豆腐（g）		30〜40	45	50〜55
	又は卵（個）		卵黄1〜 全卵1／3	全卵1／2	全卵1／2〜 2／3
	又は乳製品（g）		50〜70	80	100
歯の萌出の目安			乳歯が生え始める。	1歳前後で前歯が8本生えそろう。 離乳完了期の後半頃に奥歯（第一乳臼歯）が生え始める。	
摂食機能の目安		口を閉じて取り込みや飲み込みが出来るようになる。	舌と上あごで潰していくことが出来るようになる。	歯ぐきで潰すことが出来るようになる。	歯を使うようになる。

離乳開始にあたって，基本的に保育所で「初めて食べる」食物がないように保護者と連携する5)。そして，アレルギーの心配が少ない粥を1日1回，1さじから始め，その後，母乳やミルクは飲みたいだけ飲ませる。慣れてきたら加熱した野菜や果物，豆腐や白身魚など種類を増やす。はちみつは乳児ボツリヌス症予防のため，満1歳までは使わない。離乳が進むにつれ卵は卵黄（固ゆで）から全卵へ，魚は白身魚から赤身魚，青皮魚へ，肉は脂肪の少ない鶏肉から進めていく。ヨーグルトやチーズなどを用いてもよい。

Part1 理論編

Part2 実践編

Part3 アイディア集

147

02 ｜ 離乳食の介助

❖離乳食の介助のポイントと注意点

- よい生活習慣を身につけるために，食事前後の手拭き（手洗い）・あいさつ・食後の歯磨きなどは，子どもと一緒に行います。
- 食物アレルギーを引き起こさないために，食事についているそれぞれの子どもの名前を確認してから介助をはじめましょう。
- 口のなかをやけどしないよう，また，味つけが濃くないかを確認するために別に用意した保育者用の食事を検食し，温度や味を確認してから子どもに与えます。
- 食べる楽しさを体験するために，いやがるものは無理強いして与えず，日を変えたり，調理法・切り方・盛りつけなどを変えて与えてみます。少しでも食べられたら，たくさんほめて，子どもの食べる意欲を引き出しましょう。
- だらだらと長時間与えないで，食事時間は30分を目安にします。
- 「手づかみ食べ」は，手と目と口の協調運動でもありますし，自分で食べる意欲を育てるためにも積極的に勧めてみましょう。そのためには，テーブルの下に新聞紙やビニールシートを敷くなど汚れてもいい環境を整えたり，おにぎりやスティック野菜など，手に持って食べやすいメニューを取り入れたりするとよいでしょう。

①手を洗う

手を流水と石けんでよく洗う。

②手と口の周りを拭き，エプロンをつける

おしぼりで子どもの手と口の周りを拭き，胸にエプロンなどをつけ，衣服が汚れないようにする。

Lesson06 ●離乳食の基礎知識

③椅子に腰かけさせる

子どもを食事用の椅子に腰かけさせる。

④スプーンを下唇の上に乗せる

子どもの目を見つめ，話しかけながら，スプーンを下唇の上に乗せて上唇が閉じるのを待って与える。

⑤飲み込みを確認し，次の1口を入れる

子どもの食べるペースに合わせ，食事を飲み込んだことを確認してから次を与える。よそ見をしたら声をかけ，食事に集中できるようにする。

・バランスよく与える

子どもが欲しがるものだけでなく，主食と主菜，副菜，汁物などをバランスよく食べさせるが，いやがるものを無理強いしない。

⑥月齢に応じて，母乳やミルクを飲ませる

食事を食べ終えたら，月齢に応じて母乳やミルクを飲ませる。

⑦手と口の周りを拭き，エプロンをはずす

子どもの手と口の周りを拭き，エプロンをはずす。食事量・哺乳量，食事時に気づいたことなどを記録する。

03 | 食物アレルギーへの対応

❖病気の特徴と対応のポイント

・食物の摂取により，人体に障害を引き起こす反応のうち，食物抗原に対する抗原抗体反応を「食物アレルギー」といいます。

・人体に障害を引き起こす原因となるもの（抗原）をアレルゲンといいますが，食品のなかでアレルギーの発症数が多く，重症度の高いアレルゲンは，えび，かに，くるみ，小麦，そば，卵，乳（乳製品含む），落花生です[6]。

・ほかに重症の健康被害が見られているものとして，魚介類，肉類，大豆，やまいも，キウイフルーツなどがあります。

・食物アレルギーの症状は，皮膚の発疹，のどの違和感，下痢，嘔吐といった比較的症状の軽いものから，血圧低下，呼吸困難，意識障害などの重い症状（アナフィラキシー症状）まで多彩に見られます。

・強いアナフィラキシー症状（プレショック状態と呼ばれるショック状態の一歩手前もしくはショック状態）が起こった場合は，緊急に医療機関を受診する必要があります。救急の現場にその子ども用に処方された「エピペン®」があれば速やかに注射することもできます[7]。

・基本的に，保育所で「初めて食べる」食物がないように保護者と連携しましょう。

・保育所で子どもの食物アレルギーの発症の予防を目的として，除去食を提供する場合は，必ず医師の指示を受けるようにします。子どものアレルギー対応を適切に進めるためには，保護者の依頼に基づき子どものかかりつけ医が記入する「保育所におけるアレルギー疾患生活管理指導表」に基づき対応します[8]。

・安易に食物除去を行うことは，子どもの成長・発達を損なう恐れがあります。保護者を通じて子どものかかりつけ医との密な連携をはかり，栄養士と情報を共有しながら，生活管理指導表を用いて食物アレルギーに対処することが必要です。

・離乳が完了し，子どもが主体となって食事を摂るようになっても，除去食の必要な子どもが間違って他児の食事を摂取するようなことがないように，保育者は気を配りましょう。

[6]「食物アレルギーに関する情報」（消費者庁，令和5年3月）を参照。

[7], [8]「保育所におけるアレルギー対応ガイドライン（2019年改訂版）」（厚生労働省，平成31年4月）を参照。

・アレルゲンとなる食品

食品は調理されているため，見た目にはアレルゲンとなる食材が入っていることがわからないこともある。食事の名札の確認を何度も行うことが事故の防止につながる。

【参考文献】
・母子衛生研究会（編）　五十嵐隆（監修）『授乳・離乳の支援ガイド（2019年改定版）実践の手引き』母子保健事業団，2020
・松本園子（編著）『乳児の生活と保育　第3版』PP129-135，ななみ書房，2019
・兼松百合子，荒木暁子，羽室俊子（編著）『子どもの保健・実習　第3版』PP63-69，同文書院，2020

Lesson 07 沐浴のしかた・清拭のしかた
——乳児のからだを清潔に保つために

01 | 沐浴の方法

❖沐浴のポイントと注意点

・沐浴は，沐浴槽を用いてからだを洗うことで，全身および皮膚を清潔にします。
・お湯に浸かることで，血液の循環がよくなり，新陳代謝が促進されます。また，裸にすることによって，全身および皮膚の観察ができます。
・沐浴は，授乳と授乳の間の時間を選びましょう。授乳直後は吐くことがあります。
・赤ちゃんの体力の消耗を防ぐため，お湯に浸かっている時間は7分程度にしましょう。

・沐浴に必要な物品

沐浴槽（ベビーバス）／水温計／ヘアーブラシ／綿棒／洗面器／石けん／ベビーオイル／洗い布（ガーゼハンカチ）／バスタオル／タオル／着替え用衣類／おむつカバー／おむつ

Lesson07 ●沐浴のしかた・清拭のしかた

赤ちゃんのお風呂は，家庭では生後1ヵ月くらいまでは沐浴槽で入れ，その後はおとなが抱いて家庭のお風呂に入りますが，保育所等では，1歳くらいまでは沐浴槽で沐浴をします。沐浴・清拭は赤ちゃんのからだを清潔にするだけでなく，保育者とのスキンシップの機会になります。心地よい時間になるように，話しかけながら，安全に行いましょう。

①準備をする

室温は24～26℃に調整する。お湯の温度は，夏場は38～39℃，冬場は40～42℃くらいのものを沐浴槽（ベビーバス）と洗面器に準備する。

②赤ちゃんを裸にして，全身を観察する

赤ちゃんの衣服を脱がせ，全身の皮膚状態を観察する。

③足元からお湯に入れる

赤ちゃんをタオルでくるんで利き手と反対の手で首と頭部を持ち，利き手で股間から臀部（肛門を除いたおしり）を支えて抱き上げ，足元からお湯に入れる。

④顔を拭く(1) 目

洗面器のお湯にガーゼを浸して軽く絞り，目を目頭から目じりの方向に拭く（目やにが出ているときは逆方向に）。
1ヵ所拭くごとにガーゼはすすぐ。

・顔を拭く(2) 顔の中心部

顔の中心部は，額→鼻の横→鼻の下→あごの方向にSの字，逆Sの字を書くように拭く。

・顔を拭く(3) 顔の外側

顔の外側は，3の字，逆3の字を書くように拭く。
赤ちゃんの皮膚は薄いため，強くこすらないように注意する。

Part1 理論編

Part2 実践編

Part3 アイディア集

⑤頭を洗う

ガーゼを沐浴槽のお湯に浸し，頭を濡らす。石けんを泡立てて，指の腹を使って頭を洗い，ガーゼですすぎ，絞ったガーゼで水分を拭く。

⑥からだを洗う(1)　胸・腹部など

首→胸→腹→わきの下→上肢→下肢の順に石けんを手につけて洗い，ガーゼを使って十分に石けんを洗い流す（タオルは，洗う部分のみはずす）。

・からだを洗う(2)　背・臀部

タオルをはずし，利き手を赤ちゃんのわきに親指をかけて入れ，利き腕に赤ちゃんのからだを預ける。背部→臀部の順に石けんで洗い，ガーゼを使って洗い流す。

・からだを洗う(3)　陰部・肛門

赤ちゃんを元の姿勢に持ち替えて，陰部→肛門の順に石けんをつけて洗い，ガーゼを使って石けんを洗い流す。

⑦上がり湯をかける

足元から首に向かって，別に取ったきれいな適温のお湯をかけてから，お湯から上げる。

⑧衣服を着せる

バスタオルで水分をおさえるように拭き，おむつ→衣服（迎え袖で着せる）の順に手早く着せる。髪をブラシで整え，水分を補給する。

02 | 清拭の方法

❖ 清拭のポイントと注意点

- 清拭とは，お湯で湿らせてから絞った布でからだを拭くことです。沐浴や入浴ができないときに全身を清潔にするために行います。
- 排便後や発汗時などに部分清拭を行うこともあり，子どもの状態や汚れの程度に応じて，全身か部分かを選択しましょう。
- 室温は24〜26℃が適温で，お湯に浸かる沐浴と異なり体が冷えやすいので，拭く部分以外はバスタオルで覆いながら手早く行いましょう。

①着替え用衣類一式の上に乳児を寝かす

着替え用衣類・おむつの上にバスタオルを広げ，裸にした子どもを寝かせる（着けていたおむつは広げて敷いておく）。

②顔→頭を拭く

洗面器のお湯の温度は，43℃程度とする（実際には絞って拭くので，拭くときの温度が40℃くらいになる）。

③からだを拭く

上から下方向に陰部と肛門を除いて拭き，最後に陰部と肛門を拭いて，バスタオルで水分を拭き取る。

④衣類を着せる

おむつ→衣服（迎え袖で着せる）の順番で手早く着せ，髪をブラシで整える。

【参考文献】
- 善本眞弓（編著）『演習で学ぶ乳児保育』PP80-81，わかば社，2020
- 髙内正子，梶美保（編著）『保育の場で活用できる 子どもの健康と安全』PP49-50，建帛社，2020
- 兼松百合子，荒井暁子，羽室俊子（編著）『子どもの保健・実習 第3版』PP99-102，同文書院，2020

Lesson 08 保育環境の衛生管理
―― 子どもの生活の場を清潔に保つために

01 ｜ 保育室内外の衛生

❖衛生管理のポイントと注意点

- 保育室は清潔を保つために毎日，定期的に清掃を行います。
- 清掃は，掃除機をかけた後，水拭きし，その後，乾いたぞうきんで水分を拭き取ります。新型コロナウイルス感染症をはじめとする感染症対策としては，多くの人が触れる場所や物品はアルコール消毒液や次亜塩素酸ナトリウム消毒液，塩化ベンザルコニウムなどを使用するようにしましょう[1]。
  その後時間をおいてから，さらに水拭きしてくすりを拭き取り，その後，乾いたぞうきんで水分を拭き取ります。
- 玩具のなかで洗えるようなものは定期的に洗いますが，洗えないものは日光消毒したり，殺菌消毒庫で消毒をします。感染症の流行時は，使用前後で玩具のかごを分ける，午前と午後で交換をするなどしましょう。
- 寝具類も同様に，洗えるものは定期的にクリーニングに出して洗い，洗えないものはこまめに日光消毒をします。
- 食品を扱う場所は，害虫が発生しないように，清掃と消毒を徹底します。
- 園庭には犬や猫などが入り込まないよう工夫し，砂場は毎日掘り返して日光消毒をします。犬や猫の糞などがあった場合には，消毒液を用いて消毒します。
- 園庭で鳥を飼育している場合は，野鳥が餌をねらって飛来しないように網の点検を定期的に行います。

[1]「保育現場のための新型コロナウイルス感染症対応ガイドブック 第3版（2021.6）」（全国保育園保健師看護師連絡会，令和3年6月）を参照。

・天気のいい日は日光消毒をする

日光の紫外線には消毒作用があるので，洗えないものの消毒に効果的である。殺菌消毒庫の光も，紫外線である。

3歳未満児は抵抗力が弱く，感染症にかかりやすいため，保育室内外の清潔を保ち，感染予防に努めましょう。保育者自身も健康管理をしっかりするとともに，手洗いを徹底して，子どもに病気をうつすことがないようにします。

02 | 子どもたちの私物の清潔

❖衛生管理のポイントと注意点

・歯ブラシは隣同士がくっつかないように保管し，定期的に熱湯消毒をします。専用の殺菌保管庫も市販されているので，活用するのもよいでしょう。
・コップは，使用後に日光消毒を兼ねて日にあててよく乾燥させ，定期的に熱湯消毒をして，かびなどが発生しないようにしましょう。
・タオルは個人専用とし，定期的に交換して，家庭で洗濯してもらいます。
・汚れた衣服などは，必ずその日のうちに保護者に持ち帰ってもらい，家庭で洗濯してもらいます。
・吐物や便などで汚れた衣類等は次亜塩素酸ナトリウムの希釈液で消毒した後，洗濯をします。保育所で洗濯できない場合は，消毒後水洗い[2]して消毒液を落としてから水分を絞ってビニール袋に入れ，保護者に渡します。

[2]「保育所における感染症対策ガイドライン（2018年改訂版）」（厚生労働省，2018（平成30）年3月（2021（令和3）年8月一部改訂）を参照。

・子どもたちの私物の例

歯ブラシ　コップ　タオル

私物として預かるものは保育所によって異なるが，いずれも衛生管理を徹底する。

【参考文献】・兼松百合子，荒井暁子，羽室俊子（編著）『子どもの保健・実習　第3版』PP257-261，同文書院，2020
・髙内正子，梶美保（編著）『保育の場で活用できる　子どもの健康と安全』PP25-30，建帛社，2020
・小林美由紀（編著）『子どもの健康と安全　演習ノート』PP12-15，診断と治療社，2019

Lesson 09 かみつき・ひっかきへの対応
——トラブルの背景と保護者との連携について

■事例■ お昼寝から目が覚めたひでちゃん（1歳8ヵ月）は，大好きな保育者のひざにすわっているけいちゃん（1歳7ヵ月）をみつけました。ひでちゃんは，あわててけいちゃんのそばにやってきて，「だめっ」とけいちゃんのシャツを強く引っ張ったので，けいちゃんは怒ってひでちゃんを押し倒しました。そこで，保育者が「だめよ」と言った瞬間，ひでちゃんは，けいちゃんの手首にかみついてしまいました。大声で泣き出すけいちゃん。手首には歯形がついています。 （Y保育園にて）

ある園での，子どものトラブルのようすです。子どもになったつもりで，ひでちゃんとけいちゃんそれぞれの気持ちをことばに置き換えてみましょう。また，あなたがこの保育者だとしたら，この後どうしますか。

01｜かみつき，ひっかきなどのトラブルへの対応

・かみつきなどのトラブルが発生したら，まず原因を考えます。
・子どもの発達状態をよく観察するとともに，保育環境を見直します。
・1歳過ぎの子どもは，自分の要求をことばでうまく表現することができないために，かんだりひっかいたりして自己主張することがあります。保育者は，子どもの気持ちに共感し，それぞれの思いをことばにして伝えます。

・安全確保―割って入るとき

保育者は子どもたちの関わりを見守り，状況を見て，かみつくそぶりを見せたときやけがの危険のあるときなどにはなかに割って入り，2人を引き離す。

・被害にあった子どもへの対応

けがの手当てをし，けがの痛みや恐怖心を和らげる。「痛かったね」「大丈夫だよ」とことばをかけたり，抱きしめたりする。

Lesson09 ●かみつき・ひっかきへの対応

1，2歳児は，自我が芽生えはじめ，好きなもの・人・空間を自己主張するようになりますが，自分の思いをうまくことばで伝えられないため，ものの取り合いからかんだり，ひっかいたりして思いを表現することがあります。情緒不安，欲求不満，生活リズムの乱れが原因の場合もあります。園生活と家庭生活の両面からのケアが大切です。

・かんだりした子どもへの対応

発達面や精神面を理解し，「〇〇ちゃんも遊びたかったのね」と，気持ちに寄り添う。相手の気持ちを説明し，かむことはよくないことを，しっかり伝える。

・要求をことばにして伝える

「そんなときは，貸してって言うんだったね」「みかちゃんも赤い車で遊びたいって」などと，子どもと一緒に要求をことばで表現する。

・園全体の対応
・トラブル発生の原因に応じて対応を話し合います。たとえば，玩具の数や保育室での1人ひとりの遊びのスペースが十分確保されているか，環境を見直します。また，子どもたちを小グループに分けたり，かみつきが多い子どもに，外で発散できる遊びやその子どもが集中できる遊びに誘ってみるのもよいでしょう。
・家庭と保育所の両面から適切に子どもに関われるように，日ごろから保護者にもかみつきなどがなぜ起こるのかについて説明し，共通理解を得ておくことが大切です。

・保護者への対応

園でのけがは，すべて園の責任であるという認識のもと，保護者にけがを報告する。かまれた状況と園で行った手当てを直接説明し，謝罪する。

・かみつき，ひっかきなどの手当て

まずは流水で患部をしっかり洗い流して冷やす。顔をかまれた場合や傷が深いときには，外科を受診する。

Lesson 10 乳児保育における安全管理① ——乳児期特有の病気とくすりの扱いを学ぶ

01 | 乳幼児突然死症候群（SIDS）

❖病気の特徴と注意点

- 乳幼児突然死症候群（SIDS：Sudden Infant Death Syndrome）は，それまで元気だった赤ちゃんが，眠っている間に突然死亡してしまう病気です。
- 日本での発症頻度はおよそ出生6,000～7,000人に1人と推定され，生後2ヵ月から6ヵ月に多いとされており，まれには1歳以上で発症することもあります[1]。
- SIDSの発症は年々減少傾向にありますが，2023（令和5）年においても全国で48人の赤ちゃんがこの病気で亡くなっています[2]。
- SIDSの原因は，睡眠にともなった覚醒反応の低下を含めた脳機能の異常，先天性代謝異常症の存在，感染症，慢性の低酸素症の存在などが考えられていますが，いまだ解明にはいたっていません[3]。
- 育児環境のなかにSIDSの発生率を高める因子があるといわれていますので，それを避けることが予防につながります（下記イラスト参照）。
- 赤ちゃんが睡眠中には，なるべくそばを離れないようにし，定期的（10～15分おきくらい）にからだに触れて，呼吸をしているか確認しましょう。

[1]『乳幼児突然死症候群（SIDS）診断ガイドライン（第2版）』（厚生労働省SIDS研究班，平成24年10月）を参照。
[2]「令和5年（2023）人口動態統計」より。
[3]『乳幼児突然死症候群（SIDS）に関するガイドライン』（厚生労働省研究班，平成17年3月）を参照。

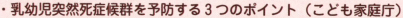

・乳幼児突然死症候群を予防する3つのポイント（こども家庭庁）

あおむけに寝かせる　　乳児の近くでタバコを吸わない　　できるだけ母乳で育てる

Lesson10 ●乳児保育における安全管理①

赤ちゃんの命を脅かす恐ろしい病気があります。原因がはっきりしないものもありますが，発症のメカニズムや予防のポイントを知り，病気の予防に努めましょう。また，保護者に対する知識の提供も重要ですので，機会をとらえて情報を共有することも必要です。

02 | 乳幼児揺さぶられ症候群（SBS）

❖ 病気の特徴と注意点

- 乳幼児揺さぶられ症候群（SBS：Shaken Baby Syndrome）は，乳幼児が暴力的に揺さぶられることによって引き起こされる頭部外傷で，頭蓋内出血[4]と脳浮腫[5]，および網膜出血[6]が三大症状です。
- SBSは重度の脳障害ですので，高い死亡率（25％）と高い後遺症合併率（33％）に結びつきます。
- 暴力的に揺さぶるということは明らかに身体的虐待で，通常の保育時の「高い，高い」や抱きかかえてやさしく揺らしたり，揺りカゴに入れて適度に揺すったりする程度ではこの症状は発症しません。
- この揺さぶりは，泣きやまない子どもの泣き声がきっかけとなって，養育者が自制心を消失したときに起こしやすいようだといわれています。
- かなりの力を要するため，加害者は男性に多い（6〜7割）とされています[7]が，女性が加害者になることもあります。
- 乳幼児を暴力的に揺さぶることで脳に損傷が生じることを知らずに，揺さぶってしまう加害者[8]も多いため，保護者への情報提供が大切です。

[4] 頭の骨の内部で出血が起こり，その血液が凝固し血腫（血の塊）ができること。出血の場所によって，脳内出血，硬膜外血腫，クモ膜下血腫など，呼び方が分けられている。

[5] 浮腫とはむくみのこと。脳浮腫は脳に異常に水が溜まり，脳全体がむくんで腫れる症状のこと。この状態になると頭の骨の内部の圧が上昇し，脳血流量の低下を招き，脳が低酸素状態になる。

[6] 眼球壁のもっとも内側の膜である網膜からの出血のこと。ここから出血することにより，視力が低下し，放置すれば失明につながることもある。

[7][8]『子ども家庭総合研究報告書』(2005)より，山田不二子氏執筆の「揺さぶられっ子症候群の予防プログラムに関する研究」のP217を参照。

・赤ちゃんの脳と幼児の脳

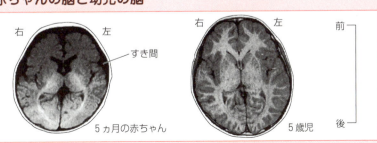

5ヵ月の赤ちゃん　　5歳児

赤ちゃんの脳は，頭蓋骨と脳との間隔が広い。そのため，激しく揺さぶられると脳も大きく移動し，その衝撃で脳の小血管が切れて出血する。

出典）伊藤昌弘『揺さぶられっ子症候群と子どもの事故』P25，大月書店，2003．

03 ｜ 保育所におけるくすりの扱い

❖保育所での与薬の考え方

・主治医から子どもに投薬されたくすりは，元来，その保護者が与えるべきもの
　です。

・与薬の時間が保育所に預けている時間で，やむを得ず保護者が与えることがで
　きないときは，保育所は保護者から所定の「医師名・くすりの種類・使用する
　日時など」を記載した"与薬依頼票（連絡票）"を求めたうえ[9]で協力します。

・慢性疾患の日常における投薬・処置については，その子どもの主治医，または
　園医の指示にしたがうとともに，保護者や主治医との連携を密にするように努
　めます。

・保育所で預かるくすりは，子どもを診察した医師が処方し調剤したもの，ある
　いはその医師の処方によって薬局で調剤したもののみ[10]です。

9)10)「保育所保育指針中央説明会資料」（2017年7月）より，P303を参照。

❖くすりの取り扱いと与薬時の注意点

・保護者からくすりを預かる際は，所定の"連絡票"の添付を確認し，1回分の
　み預かりましょう。

・子どもの氏名がくすりの容器・薬袋などに明示されていることを確認しましょ
　う。

・預かったくすりは，子どもの手の届かない安全な場所に保管し，指示された時
　間に確実に，間違いなく投与できるようホワイトボードを活用したり，タイマ
　ーを設定したりします。

・くすりを与えたら，時間や与薬時の子どもの状況等を保育日誌や連絡帳に記載
　しましょう。

・子どもの降園時に保護者にくすりを与えたことを伝えます。

Lesson10 ●乳児保育における安全管理①

・与薬依頼票

与薬依頼票（保護者記載用）

年　　月　　日

依頼先	保育園名		宛
依頼者	保護者氏名	印　連絡先　電話	
	子ども氏名	男・女　　　歳　　　か月	
病院名		電話	
		FAX	
病名（または症状）			

持参した薬	月　　日に処方された薬で，全部で　　種類　　回分
保管	室温・冷蔵庫・その他（　　　　　　　　　　　　）
薬の剤型	粉末・シロップ・錠剤・外用薬・その他（　　　　）
薬の内容	内服薬：抗生物質・その他（　　　　　　　　　　）
	外用薬：点眼・塗り薬・その他（　　　　　　　　）
使用時刻	食後 ・ 食前 ・ 適宜 （午前・午後　　時　　分頃）
	その他（　　　　　　　　　　　　　　　　　　　）
外用薬の使用法	
その他の注意事項	
薬剤情報提供書	あり・なし

保育園記載	受領者サイン		月　　日　　時　　分
	保管時サイン		月　　日　　時　　分
	投与者サイン		月　　日　　時　　分
	実施状況など		

Part1　理論編

Part2　実践編

Part3　アイディア集

【参考文献】　・兼松百合子，荒井暁子，羽室俊子（編著）『子どもの保健・実習　第3版』PP129-131，252-255，同文書院，2020
　　　　　　・髙内正子，梶美保（編著）『保育の場で活用できる　子どもの健康と安全』PP81-82，建帛社，2020

Lesson 11 乳児保育における安全管理②
── 乳児を事件・事故から守る方法を知る

01 │ 日常生活における危険

❖ベッドやおむつ交換台からの転落

　赤ちゃんが床に寝ている状態よりも，高さのあるベッドなどに寝ている方が，おとなとしては関わりやすいものです。おむつの交換などは，おむつ交換台を用いると腰への負担が少なく，助かります。ですが，高さがあるということは，そこから赤ちゃんが落ちる危険もあるということです。ベッドで赤ちゃんを寝かせる場合は，必ずベッドの柵が上がった状態になっているかを確認するとともに，寝返りができるようになったら，寝返って柵にからだの一部をはさんで身動きができないことのないよう，見守ります。また，寝返りを打つようになったら，転落防止のために，ベッドやおむつ交換台でおむつ替えをするのはやめ，床にマットを敷いて行うようにしましょう。

❖おすわりしていて，うしろに倒れる！

　おすわりができるようになって，上体が少しグラグラとして不安定さが感じられるころは，うしろに倒れる危険が予知できますが，長時間おすわりができるようになっても，安心は禁物です。なんの前ぶれもなく，疲れてうしろにパタンと倒れることがあります。座った状態から，赤ちゃんが自分で移動できるようになればよいのですが，自分でからだの向きを自在に修正できない場合，注意が必要です。万一倒れてもいいように，大きなクッションや座布団をうしろに敷いておくか，うしろにおとなが座り，倒れてきたときの支えになれるようにします（右イラスト参照）。赤ちゃんとむき合えない点は残念ですが，おすわりがどの程度できるか不安なときは，うしろに座ってようすを見るのがよいでしょう。倒れたとき，頭が周囲の壁や柱などにぶつかることのないよう，配慮します。

Lesson11 ●乳児保育における安全管理②

乳児期の子どもたちは，全面的におとなに依存する存在であり，自ら危険を回避する手立てを持っていません。子どもたちが危険にさらされることのないよう，想定される危険についてとらえ，安全な環境整備に努めましょう。

❖ハイハイで移動するころ

　勢いよくハイハイするようになると，心配なのは階段です。ハイハイの勢いそのままに，階段を上がってしまうことがあります。柵を設けて，階段への立ち入りを制限できるようにします。年上の子どもたちにも，柵がなぜ必要なのかを伝え，使用方法について指導しましょう。

　ハイハイでどこにでも移動できるようになると，落ちているものを口に入れることも心配です。ビーズやボタン，種や食べかすが乾いたものなど，口に入れてはいけないものが落ちていたらすぐに拾います。おもちゃの部品は，はずれることのないよう，点検しておきます。食事の時間でもないのに口を動かしていたら，なにか口に入れているかもしれないので，確認します。

❖つかまり立ちから転倒？

　なにかを支えにつかまり立ちができるようになると，赤ちゃんはなんにでもつかまろうとします。でも，目に映ったものが，支えに適しているかどうかの判断はできません。軽いものにつかまって，支えにしようとしたものごとひっくり返ることも考えられます。たとえば，大きめのカゴが置いてあると，赤ちゃんはカゴにつかまり，そのまま転倒するかもしれません。赤ちゃんの行動から目を離さないだけでなく，赤ちゃんの目線から物的環境を点検することも必要です。

❖よちよち歩きで行動範囲が広がる

　歩けるようになった子どもは，歩けることがうれしくて，積極的に歩こうとします。床に落ちている障害物で足元をとられることがありますから，子どもたちの動線[1]に配慮し，妨げになるものは片づけて見守ります。

　保育室を離れて廊下や園庭で歩くとき，気になるのは年上の子どもたちの動きです。廊下では走らない約束になっていても，つい勢いよく走って回りが見えなくなることがあります。そして，よちよち歩きの子どもの横を走り抜けたり，出会い頭にぶつかったりする心配があります。歩くことに精一杯の時期は，そうした危険を回避する機転がきかないので，近くで見守ります。園庭の利用については，他クラスの活動する時間帯を把握しておき，園庭で活動する時間をずらす工夫も大切です。

Part1　理論編

Part2　実践編

Part3　アイディア集

1）室内・屋外を問わず，ある物的環境において人が動く道筋には共通性が見られる。こうした，人の動きを線で表したものが動線である。

165

❖食をめぐって求められる配慮

食物アレルギーを持つ子どもが増えています[2]。食物アレルギーについては，保護者との密な連携により正確な情報を把握します。そのうえで，栄養士や調理スタッフと連携し，口に入ってはいけない食品を子どもが誤って食することのないようにします。配膳時，子どもの名札などを活用して，除去食など別メニューであることを明確に示す取り組みがされています。

食事が進んで，食欲旺盛な子どもたちがおかわりを求めることがあります。「いっぱい食べてすごいね」とほめながらおかわりをよそうなかで，食物アレルギーのある食品のおかわりを，誤って子どもが求めてしまうこともあり得ます。うっかりおかわりをさせることのないよう配慮するとともに，「もっと食べたい」という意欲に応じられるよう，食べて問題のないもので補えるように工夫します。

とくにある食品に強いアレルギー疾患のある子どもは，ほかの子どもの唾液に触れて，そこにその食品が含まれている場合でも，ショック症状が出ることがあります。食事の際，そうした子どもの着席する位置に配慮することが求められます。ただし，その子どもが疎外感を持つことのないよう，ほかの子どもとともに温かく見守る雰囲気づくりに心がけたいものです。

近年，離乳食期の誤嚥による重篤な事故が続いています[3]。特に注目したいのが，りんごの誤嚥事故が続いている点で，子どもが死亡か意識不明に至っています。『教育・保育施設等における事故防止及び事故発生時の対応のためのガイドライン【事故防止のための取組み】～施設・事業者向け～』（以下，ガイドライン）によれば，「つまりやすい食材」としてりんご・梨・柿を挙げ，離乳食の「完了期までは加熱して提供する」としています。しかし，愛媛県新居浜市の保育園で起こった誤嚥事故の報告書によれば，事故で意識不明になった乳児は，園で加熱していない生のりんごを与えられていたとのことです。

ガイドラインでは，０歳児１歳児クラスで提供を避ける食材として，えび・貝類・おにぎりの焼き海苔も挙げています。園全体で，こうした情報について把握することが求められています。あわせて，国にはガイドラインの周知や，ガイドラインでの伝わりやすい示し方についても求めたいところです。

食事の際は，子どもが食事に集中できるよう丁寧に関わります。眠気をもよおしている時に無理に食事をさせることは避けます。

---

[2] Part2実践編Lesson 06を参照。

[3] 誤嚥とは，食べ物や液体等が誤って気管に入ってしまうこと。ちなみに，誤飲は，食べ物以外のもの（身体に有害なもの）を飲み込むこと。両者は異なるが，いずれにおいても，事故を防ぐための対策や緊急時の対応について理解を深めたい。

❖歯ブラシ事故を防ぐために

虫歯予防の観点から，食後の歯磨きを促す園は多いと思います。そこで気をつけたいのが，歯ブラシの事故です。東京消防庁のホームページによると，「東京消防庁管内において，令和元年から令和5年までの5年間に，歯ブラシによる受傷等により救急搬送された5歳以下の事例は186件（入院を要した事例は33件）」とのことです。とくに「事故件数は1歳代が最も多」いとされ，「1歳〜3歳前半の」子どもに多く発生しているとのことで，保育所でも注意が必要です。歯ブラシを口に入れたまま歩いたりして，そのまま転倒し，のどに歯ブラシが突き刺さる例が多いようです。

同庁ホームページでは，子どもの歯ブラシによるのど突き事故を防ぐポイントを紹介しています。園で講じたい対策として，子どもは床に座って歯磨きをする，そのようすを保育者が見守る，のど突き防止対策をほどこした子ども用歯ブラシを推奨するなどが考えられます[4]。ぜひ保護者にも注意喚起しましょう。

❖子どもの目線で点検し，日ごろから災害に備える

家庭と異なり，保育所では子どもの生活に即した環境構成がなされているので，家庭で心配されるような，タバコの吸い殻の誤飲などは考えにくいところです。それでも，あらためて子どもの目線から環境を点検することが必要です。汚物用のぞうきんや洗剤，消毒液などが子どもの手の及ぶところに置かれていないでしょうか。足を洗うために汲んだわずかな水にも，おぼれる危険が潜んでいると考え，放置しないようにします。

地震が起こったときに，重みのあるものがバラバラと床に落ちたりする危険はないでしょうか。ロッカーや棚は，転倒防止の補強がなされているでしょうか。災害時，どのような方法で避難するかを確認し，日ごろから備えることが必要です。また，災害避難時，おんぶは有効な手段となりますので，おんぶを嫌う赤ちゃんについては，徐々に慣れるような関わりをして備えておくとよいでしょう。歩ける子どもたちについては，はぐれることのないよう，ロープを工夫した用具などを用意し，普段から慣らしておきます。

災害時には停電が起こることも考えられます。冷暖房が効かなくなることや，夕刻には室内が暗くなることも想定しなくてはなりません。粉ミルクを溶くためのお湯を用意できない場合も考え，液体ミルクの備蓄を検討することも一案です。

4）Part 3 アイディア集 Lesson04 おすすめ乳児保育関連グッズのページを参照。

02 | 人数確認による子どもの把握

❖子どもの人数を正確に把握する

　クラスの出席者の人数は日々変わるので，ホワイトボードなどを活用して，正確な出席者の人数を把握します。給食やおやつの準備のために人数を知ることが必要になりますが，それだけでなく，子どもの所在を的確に把握するためにも欠かせない基本的な作業です。子どもたちの行動範囲が広がると，目を離したすきに保育室を出て行ってしまうことがあります。折を見て人数を数え，全員揃っていることを確認します。

　2005（平成17）年8月10日，埼玉県上尾市の保育所において，4歳の子どもが本棚のなかに入り，そこで死亡するという事故が起こりました。子どもが遊んでいて体調を崩し，熱中症になったことに加えて，保育者が子どもの所在を把握していなかったことが重なり，悲劇となってしまいました。

　保育者が指導計画に基づき，普段生活する保育室とは異なる環境に移動して活動することがあります。そうした場合も，部屋に到着したとき，部屋を出発するときなどに人数を数え，全員が揃っていることを確認します。なじみのない環境で探索しているうち，奥まで入り込んでしまい，おとなの目に触れなくなってしまうことがあります。だいたい揃っていればよいのではなく，1人でも欠けていたら大変なことだということを決して忘れてはいけません。

❖園外への移動でも

　子どもたちの生活に潤いを持たせたいと，園外に出かけることもあります。園外では，なおさら行動範囲が広がるので，十分なスタッフの数が必要になります。歩いて移動する場合には，車の往来の激しい道は避けるよう配慮します。

　2007（平成19）年7月27日，福岡県北九州市の保育所で，遠足から戻ったワンボックスカーに2歳の子どもが置き去りにされ，熱射病で死亡するという事故が起こりました（右ページ記事参照）。事故は，子どもが全員車から降りたかどうか，保育者が把握をしていなかったために起こったものと見られています。この事例でも，子どもの人数を数えて所在を把握していれば，事故は回避されたものと考えられ，私たちはこうした痛ましい事故から学ばなければなりません。

園児 送迎車で熱射病死

遠足後3時間放置か

北九州

27日午後5時半ごろ、北九州市小倉北区×××の無認可保育園「A保育園」（B園長）の女性保育士から「近くの駐車場に止めた園の送迎車の中で園児がぐったりしている」と119番通報があった。市消防局の救急隊が駆け付けたところ、同区×××××、会社員Cさんの長男D君（2）が心肺停止状態になっており、病院に運ばれたが午後7時5分ごろ死亡した。熱射病とみられる。

福岡県警小倉北署は、同園職員らがD君を3時間以上にわたって車内に置き去りにした可能性が高いとみて、業務上過失致死の疑いもあるとして園児や関係者から事情を聞いている。

同署は28日に司法解剖する予定。市は同日、児童福祉法に基づき保育園を立ち入り調査する。

同署や市消防局によると、D君が見つかったのは、保育園から約250メートル離れた銭湯近くの屋外駐車場に止めたワンボックスカー。3列の座席のうち、最後尾の座席前の人がいた。同署は、D君が車から降りたかどうかを

車のドアはすべて施錠されており、D君は全身に汗をかき、重い脱水症状がみられた。

同園職員らは27日午前10時半ごろ、遠足のためこの車で約550メートル離れた公園に園児を送り、午後1時半ごろ、同じ車で同園に連れて帰った。園児は3回に分けて送られ、D君は3回目に車の最尾に乗った。26歳の女性保育士が運転し、27歳の女性保育士1人が同乗し、駐車場に止めた

福岡管区気象台によると、北九州市はこの日午後1時半に33・4度を観測、今年一番の暑さとなった。午後5時半ごろも30度を超えていた。同園は、市保育課によると、2004年8月に開園し、園児数は06年10月1日現在31人。約10人のスタッフがいる。

保育士らが明確に確認しなかった可能性があるとみている。車はその後、同園が入居するビル横の屋外駐車場に止めたが、午後4時50分ごろ、銭湯近くの駐車場に移動した。午後5時ごろ、別の園児が車内に帽子を忘れたことに気付き、車に行った保育士がD君を見つけたという。

▲2007（平成19）年7月28日付『読売新聞』の記事をもとに作成

※この記事は、読売新聞社の許諾を得て転載しているものです。

❖繰り返されたバス内での事故

　2021（令和３）年７月29日，福岡県中間市の私立保育園で，送迎バスの中で５歳の男児が熱中症で亡くなりました。朝，園に到着した送迎バスから男児が降りなかったことを誰も把握せず，報道によれば，日中は担任が男児を欠席と理解していたようです。夕刻，わが子が帰宅しなかったという母親の申し出ではじめて，事態が発覚したとされています（下の記事参照）。

保育園バス内　５歳熱中症死

　29日午後５時20分頃、福岡県中間市の私立Ａ保育園から「送迎バスの中で男児が倒れている」と福岡県警折尾署に通報があった。男児は病院に搬送されたものの、間もなく死亡が確認された。死因は脱水症状などによる熱中症だった。車内に長時間閉じ込められていた可能性があり、県警は園関係者から事情を聞いている。

　県警によると、男児は同市×××、Ｂちゃん

（５）。同日夕頃、保育園からの帰りを待っていた母親らが、バスに乗っていないことに気づき、午後５時15分頃、同園駐車場に停車中のもう１台の送迎用バスの車内でＢちゃんが発見された。司法解剖の結果、死亡したのは29日午後１時頃と推定されるという。

▲2021（令和３）年７月31日付『読売新聞』の記事をもとに作成

※この記事は、読売新聞社の許諾を得て転載しているものです。

Lesson11 ●乳児保育における安全管理②

翌年の2022（令和4）年9月5日，静岡県牧之原市の私立認定こども園でも，3歳の女児が送迎バスの中に置き去りにされて亡くなりました。この例でも，園への到着時に誰もバスの中を確認せず，女児は欠席扱いになっていたとされます。報道によれば，ロックされた車内で，女児の水筒は空になっていたそうです。帰りの送りの時間，女児はバス内で発見されました（下の記事参照）。

3歳 通園バス内で死亡

静岡・牧之原 5時間置き去りか

5日午後2時15分頃、静岡県牧之原市×××の認定こども園「A幼稚園」の女性職員が、同園に通う同市×××のBちゃんは、送迎バスの車内で死亡が確認された。県警は、Bちゃんが約5時間にわたって車内に取り残され、熱中症になった可能性があるとみて、業務上過失致死容疑を視野に状況を調べている。

県警などによると、5日午前9時前、Bちゃんが乗車したA幼稚園の通園バスが園に到着した。

帰りの送迎のため、職員が午後2時過ぎ、園の駐車場に停車していたバスに乗り込んだ際、Bちゃんを発見したという。

バスは屋根のない場所に駐車されており、車内は高温になっていたとみられる。気象庁によると、牧之原市内では5日、最高気温は30・5度を観測していた。

バスは18人乗り。5日の登園時は、理事長の男性（73）が運転し、園児6人と70歳代の女性派遣社員が乗車していた。県警は園の関係者から事情を聞くなどして、当時の状況や管理体制を調べている。

県によると、A幼稚園には5月時点で、158人の園児が在籍している。

昨年7月、男児（当時5歳）が送迎バス内に取り残されて死亡した事件を受け、静岡県は安全管理の徹底を求める通知を出していた。

※この記事は、読売新聞社の許諾を得て転載しているものです。

▲2022（令和4）年9月6日付『読売新聞』の記事をもとに作成

これらいずれのケースでも，折々に人数確認を行うことで事故を防ぐことができたはずです。その前提として，日々の出欠は厳密に管理しなくてはなりません。亡くなった子どもたちの暑い車内での苦しみや，保護者の方々の悲しみを思うと，言葉が見つかりません。

Part1 理論編

Part2 実践編

Part3 アイディア集

171

03 │ 不審者の侵入を防止する

　近年，学校や保育の場に不審者が侵入した例や，施設外からののぞき・盗撮などの例を耳にします。とても残念なことですが，身勝手な動機から犯罪を企てる人間がいるという前提に立って，保育の場を危険から守る努力をしなくてはなりません。

❖不審者の侵入をはばむシステム管理

　不審者の侵入を防止するため，門扉を施錠する保育所が増えています。その管理を徹底するためには，保護者や関係者の協力は欠かせません。管理運営上，保護者であっても自由に敷地内に入れないので，解錠のための手続き（ドアホンでの呼び出しなど）については，子どもの入園時，保護者にわかりやすいように伝えるようにします。

　日ごろから，保護者と明るくあいさつを交わし合う習慣を持てるように努めます。そのうえで，敷地内に入った人すべてに明るくあいさつをすることが，防犯上意味を持ってきます。あいさつをするときは，相手をしっかりと視界にとらえることができます。あいさつをしても目をそむけるようなそぶりが見られたら，訪問の理由を尋ね，誘導したり，ほかの職員に伝えるなどして対応します。

　物的な防犯システムは，人的な取り組みがともなってこそ，有効であると理解しましょう。

❖送り迎えは誰か？

　お預かりした子どもたちがそれぞれ保護者とともに帰宅すれば，保育者としてはその日の責任から解放されることになります。ただし，ある子どもを迎えに来た人物がもし犯罪者だったら，その子どもはどうなるのでしょうか。

　子どもの送り迎えを，母親，父親，祖父，祖母など親族総出で行う場合もあるでしょう。あるいは，子どもにとって他人である人物（ベビーシッターなど）に迎えが任される場合もあります。ともかく，朝，保護者が子どもを送ってきた際，連絡帳などを活用して，その日の迎えが誰かを明確にすることが大切です。それで，もし申告されている人とは別の人物が迎えに来た場合，子どもがその人物になついているかどうかで判断するのではなく，保護者に電話連絡をして確認するくらいの慎重さが必要です。

Lesson11 ●乳児保育における安全管理②

【参考文献】　・東京消防庁ホームページ乳幼児の歯みがき中の事故に注意！
　　　　　　　　（https://www.tfd.metro.tokyo.lg.jp/lfe/topics/children/hamigaki.html）

　　　　　　　・新居浜市特定教育・保育施設等における重大事故の再発防止のための検証委員会編
　　　　　　　　『新居浜市認可保育所における重大事故の再発防止のための検証委員会報告書』
　　　　　　　　（https://www.city.niihama.lg.jp/uploaded/life/134845_607694_misc.pdf）

　　　　　　　・岩倉政城「保育園の誤嚥事故から子どもを守る　園内民主主義が事故防止の鍵」
　　　　　　　　『食べもの文化』No.562，食べもの文化社（発行），芽ばえ社（発売），2021年3月

Part1　理論編

Part2　実践編

Part3　アイディア集

173

Lesson 12 連絡帳の書き方
——子どもの育ちを保護者とわかち合う

01 | 守秘義務という保育者の専門性

　保護者と保育者が連絡を取り合う方法はいろいろありますが，保育の場でよく使われる双方向の連絡手段として，みなさんもよくご存知の「連絡帳」があります。ところが，よく知っているはずのこの連絡帳，近年，保育の変化にともない書き方が変わってきています。

　この変化を確認しながら，連絡帳の書き方について考えてみましょう。

❖命令口調の連絡はNG

　30年ほど前の連絡帳をのぞいてみると，「つめを切ってきてください」「朝ごはんをちゃんと食べてきてください」など，「○○してください」という保育者から保護者へのお願いの文章が目につきます。たしかに保育者とは，子どもをていねいに見れば見るほど，保護者への要望が大きくなるものです。

　でも，今の保育所で，「○○してください」口調の連絡帳が書かれることは，まずありません。それはむしろ，「絶対にしてはいけない書き方」のひとつだと，言われています。保育者が保護者になにかを「教えてあげる」という上から目線の態度では，保護者とのよい関係はつくれるはずもないからです。

　では現在は，どのようなことに気をつけて連絡帳が書かれているのでしょうか。

❖連絡帳は育児記録。よいことを書いて残したい！

　連絡帳は，子どもが大きくなっても残るものです。保護者にこそ伝えたい「愛しい子どもの姿」「子ども同士のおもしろい関係」など，子どもの育ちのなかにあるよいことをたくさん書いて残したいものです。今の時代の連絡帳は，お母さんだけではなく，お父さんはもちろん，おじいちゃんやおばあちゃんにも読まれる育児記録のひとつです。それぞれの子どもの成長記録として，あとで読み返しても楽しいものにしたいものです。

　ときには保育のなかで，保護者にどうしても伝えておきたい気になることもあるでしょう。でもそれは，記録として残る連絡帳には書きません。保護者への伝え方はたくさんあります。気になることなどは，お迎えのときなど，保護者に直接会って，話しながら伝えるようにします。保育のなかのできごとは，どんな些細なことであれ，小さなノートのスペースでは伝えきれないことばかりです。

Lesson12 ●連絡帳の書き方

保護者への子育て支援も，乳児保育においてはとても大切なことです。保護者とのつながりを確かなものにするために，このLessonでは，保護者との直接のやりとりに関わる「連絡帳」について学んでみましょう。

❖プライベートな情報をもらさないことも保育者の専門性

　連絡帳のやりとりで知った家庭内の情報は，あなたが保育者という専門職についているために知り得た情報です。保育の質を高めていくためには必要な情報ですが，第三者にもらすことは許されません。個人情報の適切な取り扱いは，保育者に必須の専門性であり，秘密を守ることは非常に大切な倫理規定です。

　たとえば，お母さんが「仕事が終わらずにイライラし，子どもに話しかけられてもついつい適当に応えてしまいます」というような，何気ない日常のようすを連絡帳で打ち明けてくれ，なんらかの適切な対応ができたとしましょう。でも，このような日常の小さなできごとも，あなたが保育者であり，子どもをともに育てる人だからこそ打ち明けられた話であることを忘れてはならないでしょう。

　お母さんにしてみれば，こうした親子の関係をあなたが知っていれば，保育所での子どもからの小さなサインも見逃さず，保育者の専門性を生かした適切な対応をしてくれるだろうという期待があって伝えている情報なのです。

　たとえ保育者同士であっても，第三者に聞かれることのある電車や喫茶店などの公衆の場で，子どもや家庭の話をしてはいけません。この守秘義務[1]に違反すると，保育士資格が取り消されるという厳しい罰則も科せられています。

❖ICT[2]を活用した保護者とのやりとり

　近年では，保護者との連絡手段に動画の配信，SNS（LINEやFacebook等），ホームページを使い，子どもの様子や情報を発信する取り組みが多くみられるようになっています。とりわけ新型コロナウィルスの感染拡大にともない，保護者と対面で話す機会を十分にとれない状況下では，ICTの活用頻度が増えています。なかには，保護者との面談をリモートで実施するなどの工夫をしている保育所もあります。

　こうしたICTの活用は，感染リスクを気にすることなく，保育者に見えている子どもの日常を保護者に伝えることができるという意味で，有効なコミュニケーション手段といえます。ただし，個人情報が拡散しないよう，ICTデータの管理技術が保育者にはこれまで以上に求められていることも忘れてはならないでしょう。

Part1 理論編

Part2 実践編

Part3 アイディア集

1）2001（平成13）年の児童福祉法の一部改正により，保育士の守秘義務が明記された。対人援助専門職としての保育士の専門性が認められたということでもある。守秘義務を守りながら，いかに子どもの福祉に貢献することができるのか，これからの保育者に求められる専門性のひとつである。

2）Part1 理論編Lesson12 P101を参照。

175

02 ｜ 信頼関係の構築に向けて

❖楽しかったできごとをひとつ入れて

　保育の場で保育者が子どもをどう見ているのか，自分の子どもは誰となにをしていたのかなど，連絡帳を読むことを心待ちにしている保護者は少なくありません。連絡帳が書かれていないと，「今日は子どもの1日を共有できないようでさびしい」と言う保護者もいるくらい，親にとって連絡帳は楽しみなものなのです。

　でも，ここがむずかしいところですが，クラス全体での取り組みが漠然と書かれているだけの連絡帳では，保護者はそれほどおもしろく読むことはできません。

　たとえば，「今日，裏の公園へお昼ごはんの前にお散歩に行きました。みんなとっても楽しそうでした。」という連絡帳は，可もなく不可もなくという感じです。悪くはありませんが，保育者の視点も，子どものようすも具体的には伝わってきません。

　それに対して，「今日はお散歩に行くと，たかしくんは，ありを指でさし，よしとくんにも「ンッンッ」となにやら伝えていました。しゃがみこんで進まず，じっとありのようすを見ていました。おとなには見えないなにかが見えているようでした。」という連絡帳になると，具体的な子どもの姿がよくわかりますし，保育者の視点も伝わってきます。こうした連絡帳を書くコツは，1日のなかでなにかひとつでもよいから，楽しかったできごとを思い出して書くということです。

❖保護者からの質問には必ず応える

　こうした連絡帳のやりとりのなかでとくに気をつけたいこととして，「保護者からの質問には必ず応える」ということがあります。質問したことに先生が応えてくれない場合，無視されたと感じ，保育者への信頼をなくす保護者もいます。

　しかも，保護者から質問があった場合には，決して1人で判断して応えてはいけません。どんなことでも職員間で話し合ってから，応えるようにしましょう。

03 ｜ 連絡帳を書いてみよう

　では，保育者になったつもりで，実際に連絡帳を書いてみましょう。

　乳児保育の連絡帳は，子どもの生活を園と家庭で伝え合うものであることが肝心です。ミルクの量，食べたもの，睡眠，排便，体温，機嫌など，子どもの心身

Lesson12 ●連絡帳の書き方

の状態をわかりやすく伝え合えることが大切です。

　通信欄には、「命令口調ではなく」「楽しかったできごとを入れて」「質問には
応えながら」という、これまで学んできたポイントに気をつけながら、「（園から）」
の欄をあなたのことばで書いてみましょう（巻末ワークシート⑧も活用してくだ
さい）。

　ちなみにこれは、１歳６ヵ月の男の子、たかしくんの連絡帳です。

9 月 10 日 （火　　　）				体温	36.9	機嫌	よ　い

午後
夕食
軟　●
M200cc

午前

朝食
M150cc

6：00〜6：00（翌日）	夕食	・ご飯 ・お豆腐とだいこんの味噌汁 ・さんま	朝食	・パン ・コーンスープ ・バナナ

（家庭から）

昨日の夜、たかしは なぜか夜泣きをし、久しぶりに おっぱいを飲ん
で眠りました。なにか園で興奮するようなことはありましたか？
夕飯ではご機嫌で、さんまをほぐしてご飯にのせると喜んで食べ、
途中から おなかがいっぱいになったらしく、お味噌汁の具を
手でぐちゃぐちゃとしたり、汁でがらがらうがいの真似をしたり、
楽しそうではありました。
朝も、大好きな バナナを とくに よく 食べています。

（園から）

M○○cc…ミルクの量　　▨…睡眠時間　　●…大便の時間

Part1 理論編

Part2 実践編

Part3 アイディア集

177

Column 08 新型コロナウイルス感染症と求められる対応

❖新型コロナウイルスの衝撃

　私たちの生活は，2020（令和2）年から劇的に変化してしまいました。この年から，新型コロナウイルス感染症という未知の感染症が世界的に流行するなどと，誰が想像したでしょう。最初は，中国各地での流行と都市封鎖の報道に始まりました。さらに，日本に停泊したクルーズ船内での集団感染，ヨーロッパでの流行と都市封鎖など，関連する報道の連鎖に不安を感じる日々でした。その後，国内でも感染が広がる報道がなされ，感染拡大の阻止を理由に，同年4月には7都府県を対象に最初の緊急事態宣言が出されました。前後して，学校の一斉休校が実施され，多くの保育所も休業を余儀なくされました。緊急事態宣言の解除後，各所で徐々に活動が再開されましたが，多くの大学等ではオンライン授業が実施されるなど制限が続きました。

　翌年の2021（令和3）年に入っても，終息の兆しはみられませんでした。1年延期された東京オリンピック・パラリンピックの開催がどうなるか，連日報道がされましたが，結局，原則無観客の形で実施の運びとなりました。緊急事態宣言は，地域を限定するなどしながらも，実施と解除を繰り返してきました。新型コロナウイルスのワクチン接種も，実施されるようになりました。大学等の授業は，通常（対面）の形で行うことが重要であることから，感染防止の方法を講じながら実施するようになりました。保育の場でも，感染防止のあり方を模索しつつ，子どもたちを受け入れる努力がなされました。

❖求められる対応

　新型コロナウイルス感染症において，私たちが衝撃を受けた特徴のひとつが，無症状でも感染している場合があり，かつ自覚しないうちに感染を広げるという点でした。症状がある人（患者）を隔離して，感染拡大を防止するという「常識」だけでは，感染を沈静化できないとわかりました。すべての人を感染の可能性があるとみなして対応する必要が生じると同時に，無症状でも自身が感染しているという前提に立って行動することが求められます。

　厚生労働省ホームページによれば，新型コロナウイルス感染症の感染予防には，「換気」「手洗い・手指消毒」などの基本的な感染対策が有効とされています[1]。ふだんから，適宜石けんで手指をていねいに洗うことは欠かせません。学生の皆さんには，実習やボラン

ティア活動などで保育所に出向く機会がある場合，検温して記録に残すなど事前から健康管理を心がけることが求められます。継続的に更新される感染防止のための対応策については，今後も注意して情報収集をしていきましょう。

　状況によって，マスク着用が求められることがあります。幼い子どもにとって，保育者の顔の半分がマスクで見えないことになりますし，声がこもって聞こえにくいかもしれません。子どもと接するときは目を合わせ，温かいまなざしを向けて思いを伝えるとともに，ゆっくりと語りかけたいものです。

　もし関係者（保育者，子ども，家族など）が新型コロナウイルス感染症の検査で陽性とわかった場合，園で作成したマニュアルにそって対応しますが，その際人権に配慮した対応が求められることは言うまでもありません。感染症への不安から当事者を差別するような言動にならないよう，冷静に自身の認識を省察したいものです。

1）厚生労働省「新型コロナウイルス感染症について」
https://www.mhlw.go.jp/stf/seisakunitsuite/bunya/0000164708_00001.html

【参考文献】　・全国保育団体連絡会／保育研究所編『保育白書2020年版』ちいさいなかま社，2020

「Part2　実践編」をより深く学ぶためのおすすめの本

Lesson01

・安部ヤヱ　平野恵理子（絵）　福音館書店母の友編集部（編）『「わらべうた」で子育て　入門編』福音館書店，2002

・エメリー・バーナード（文）　ドゥルガ・バーナード（絵）　仁志田博司・園田正世（監訳）『世界のだっことおんぶの絵本』メディカ出版，2006

Lesson02

・全国ベビーシッター協会（編）『ベビーシッター講座　改訂（理論編・実践編）』中央法規出版，2007

Lesson03・04

・テルマ・ハームスほか　埋橋玲子（訳）『保育環境評価スケール2（乳児版）』法律文化社，2005

Lesson05・06

・母子衛生研究会（編）　柳澤正義（監修）『授乳・離乳の支援ガイド　実践の手引き』母子保健事業団，2008

Lesson09

・西川由紀子，射場美恵子『「かみつき」をなくすために』かもがわ出版，2004

Lesson10

・増田隆男『保育所・幼稚園で事故が起きたとき』かもがわ出版，2004

Lesson11

・猪熊弘子『死を招いた保育―ルポルタージュ上尾保育所事件の真相』ひとなる書房，2011

・山中龍宏，寺町東子，栗並えみ，掛札逸美『保育現場の「深刻事故」対応ハンドブック』ぎょうせい，2014

・掛札逸美『子どもの「命」の守り方―変える！ 事故予防と保護者・園内コミュニケーション』エイデル研究所，2015

・清水奈穂『犯罪から園を守る・子どもを守る　今すぐできる　園の防犯ガイドブック』メイト，2018

Lesson12

・清水玲子，鈴木佐喜子『今の子育てから保育を考える』草土文化，2003

・今井和子（編著）『改訂版　保育に生かす記録の書き方』ひとなる書房，2004

◆Part2　実践編を通して…

・社会福祉法人なでしこ会なでしこ保育園・NPO法人なでしこ保育研究所（編著）『〈保育ハンドブック1〉かわいがり保育　0・1・2歳児クラスの保育』大修館書店，2018

・大豆生田啓友・おおえだけいこ『教育技術　新幼児と保育MOOK　日本が誇る！ ていねいな保育』小学館，2019

「Part 2　実践編」をより深く学ぶためのおすすめDVD

・日本子ども家庭総合研究所（監修）『ｖ－tone　乳児保育の実際』（全２巻），新宿スタジオ発売

・『０歳児保育　あそびの中で乳児は学ぶ　第１巻　物とのかかわりの中で学ぶ』新宿スタジオ（制作・著作）

・『０歳児保育　あそびの中で乳児は学ぶ　第２巻　人とのかかわりの中で学ぶ』新宿スタジオ（制作・著作）

・『０歳児のあそびと保育者の役割―０歳児後半（はいはい・一人歩き）期―　第１巻　楽しさの共有』新宿スタジオ（制作・著作）

・『０歳児のあそびと保育者の役割―０歳児後半（はいはい・一人歩き）期―　第２巻　遊びの工夫と配慮』新宿スタジオ（制作・著作）

・『教育・保育のエピソードシリーズ　生活・遊びを通して学ぶ保育　満１歳以上満３歳未満の園児の保育内容　第１巻　１歳児編「１歳児クラスの１年間の生活と遊び」』新宿スタジオ（制作・著作）

・『教育・保育のエピソードシリーズ　生活・遊びを通して学ぶ保育　満１歳以上満３歳未満の園児の保育内容　第３巻　２歳児編後編「日常の遊びの場面から」』新宿スタジオ（制作・著作）

・『保育の１日シリーズ　関東学院六浦こども園の１日　第１巻　０，１，２歳児編』新宿スタジオ（制作・著作）

・『音楽的な遊びに見る乳幼児の発達　第１巻　０歳～１歳編』新宿スタジオ（制作・著作）

・『音楽的な遊びに見る乳幼児の発達　第２巻　２歳編』新宿スタジオ（制作・著作）

・『ふれあうことからはじまる子育て①　誕生からの半年』岩波映像（企画・制作），オプチカル（販売）

・『ふれあうことからはじまる子育て②　生後半年から１才まで』岩波映像（企画・制作），オプチカル（販売）

・『ふれあうことからはじまる子育て③　生後１年から１才半まで』岩波映像（企画・制作），オプチカル（販売）

・『乳幼児の発達と保育～こころとからだを育てるあそびの環境～　vol.1　０歳児』医学映像教育センター（制作著作）

・『乳幼児の発達と保育～こころとからだを育てるあそびの環境～　vol.2　１歳児・２歳児』医学映像教育センター（制作・著作）

・汐見稔幸監修，松永静子編著『映像で見る乳児の保育　遊びと生活』エイデル研究所（発行）

Memo

Part 3
アイディア集

Lesson 01 遊びのアイディアと歌遊び
―― 乳児の笑顔を引き出すために

01 |「いない いない ばあ」をアレンジ

　顔を隠して「いない いない」，ちょっと間をおいて「ばあ」と顔を出す，誰でも知っている「いない いない ばあ」の遊びです。顔を手で隠す，からだ全体を見えなくする，布で覆って隠すなど，状況に応じた「いない いない ばあ」を編み出してみましょう。布を用いると，子ども自身が布をはがして遊びに参加できます。姿が現れたときには「いた！」と，ともに喜びましょう。

・布で隠して「いない いない ばあ」

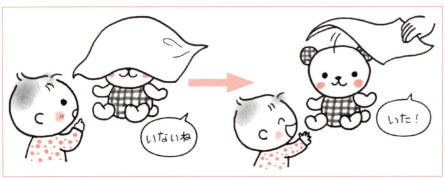

ぬいぐるみを布で隠して「いないね」，布をはがして，「いた！」。子どもが布をはがせそうだったら，子どもの手が布に届く距離かを考えて。

・子どもに布をかけて「いない いない ばあ」

恐怖心を与えないよう，目にかからないように頭に布を乗せることから慣らしていく。

子どもは，おとなからの働きかけを待っています。くすぐったり，ちょっとおどけて歌ったり，やると見せかけてやらなかったりして，子どもの笑いを引き出しましょう。子どもの反応を見て，臨機応変に関わり方を変えていく姿勢が大切です。このLessonでは，ヒントとなる遊びを取り上げます。

02 | 歌って遊ぼう　わらべうた

　よく知られている「わらべうた」を2曲紹介します。歌いながらからだに触れて遊ぶことをくり返しているうちに，子どもは同じ動作を期待して待つようになります。1曲すべてでなくても，部分的に楽しんでもよいでしょう。

① ♪いっぽんばし　こちょこちょ

赤ちゃんの手を人差し指で触り，くすぐる。

② ♪すべって　たたいて　つねって

赤ちゃんの手に人差し指を滑らせ，軽く叩き，つねるまねをする。

③ ♪かいだんのぼって

人差し指と中指を動かし，赤ちゃんの腕を伝って肩の方に進む。

④ ♪こちょこちょ…

赤ちゃんのわきや胸のあたりをくすぐる。

参考：小西行郎・小西薫『赤ちゃんの遊びBOOK』海竜社，2006

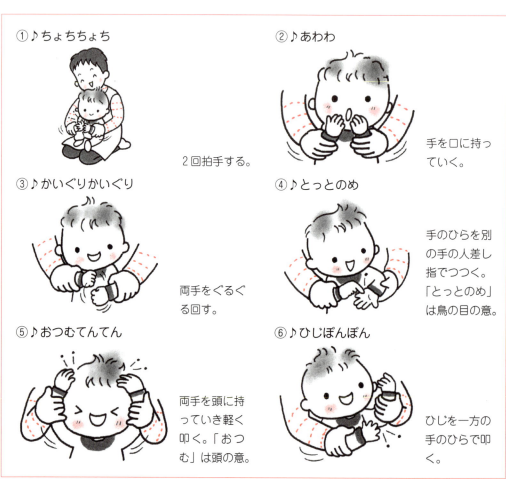

Lesson01 ●遊びのアイディアと歌遊び

03 | みんなで歌って楽しもう

　クラスの子どもたちが揃ったときに，歌と振りがついた遊びを楽しみます。一般に「歌遊び」「手遊び」と呼ばれています。1歳から2歳の子どもたちと楽しめる曲を紹介します。

① ♪まあるいたまごが

両手でたまごの形をつくる。

② ♪パチンとわれて

1回拍手をして両手を離す。

③ ♪なかからひよこがピヨピヨピヨ

両手を小さく広げ，羽に見立てて手をふる。

④ ♪まあかわいい

両手の指を広げて正面に向け，ふる（両手を広げたまま，からだを1回転させてもよい）。

⑤ ♪ピヨピヨピヨ

③の動きで，3回手をふる。

187

Lesson01 ●遊びのアイディアと歌遊び

振りつけ：阿部直美

① ♪いち　いち　いちごぼし　ピカリ

両手の親指を打ち合わせる。

② ♪に　に　にこにこぼし　ピカ　ピカリ

両手の親指同士，人差し指同士を打ち合わせる。

③ ♪さん　さん　さんかくぼし　ピカリ

中指も加えて，打ち合わせる。

④ ♪よん　よん　よいこぼし　ピカ　ピカリ

さらに，薬指を加えて打ち合わせる。

⑤ ♪ご　ご　ゴリラぼし　ピカリ

小指も加えて，すべての指を打ち合わせる。

⑥ ♪ゆびの　おほしさま　ピカ　ピカリ

4回拍手の後，両手を顔の横で，キラキラさせる。

出典）浅野ななみ・阿部直美（編著）『赤ちゃん　あそぼう！』乳幼児教育研究所

Part1 理論編
Part2 実践編
Part3 アイディア集

Lesson 02 ふれ合い体操
——乳児との絆を深めるために

ラララ　ぞうきん

作詞・作曲：不明　採譜：坂田知子

1. ぬいましょう
2. あらいましょう
3. しぼりましょう
4. ほしましょう

1. チク　チク　チク　チク　チク　チク　チク　チク　ぬいましょう
2. ザブ　ザブ　ザブ　ザブ　ザブ　ザブ　ザブ　ザブ　あらいましょう
3. ギュッ　ギュッ　ギュッ　ギュッ　ギュッ　ギュッ　ギュッ　ギュッ　しぼりましょう
4. パタ　パタ　パタ　パタ　パタ　パタ　パタ　パタ　ほしましょう

---

①♪ラララ　ぞうきん…
　ぞうきんをぬいましょう

子どものお腹から胸にかけて，ぞうきんがけをするようになでる（4回ほど）。

②♪チクチクチクチク…

子どものお腹や胸を，人差し指で縫うようにつつく。

③♪ぬいましょう

①をくり返す。

Part1　理論編
Part2　実践編
Part3　アイディア集

Lesson02 ●ふれ合い体操

乳児期の子どもたちと保育者がコミュニケーションをとりながら、楽しく遊べる「ふれ合い体操」を紹介します。明るく元気に歌いながらやってみてください。また、子どもの発達や状況を見ながら動きに工夫を加えると、さらに子どもたちは喜びます。

④♪ラララ　ぞうきん…
　ぞうきんをあらいましょう

①をくり返す。

⑤♪ザブザブザブザブ…

足首を持って、左右にやさしく揺らす。

⑥♪あらいましょう

①をくり返す。

⑦♪ラララ　ぞうきん…
　ぞうきんをしぼりましょう

①をくり返す。

⑧♪ギュッギュッギュッギュッ…

お腹や胸などを軽くつまむようにして、マッサージする。

⑨♪しぼりましょう

①をくり返す。

⑩♪ラララ　ぞうきん…
　ぞうきんをほしましょう

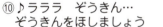

①をくり返す。

⑪♪パタパタパタパタ…

ぞうきんのしわを伸ばすように、お腹や胸をパタパタと叩く。

⑫♪ほしましょう

ぞうきんを干すように、子どもを持ち上げ、「高い高い」をする。

※本書では歌のタイトルを「ラララ　ぞうきん」としましたが、「ぞうきんのうた」と呼ぶこともあるようです。

このこ どこのこ

わらべうた

この　の　こ　ど　こ　の　こ　かっ　ちん　こ

・歌に合わせて，ゆっくり揺すってあげます。
・むかい合って揺らすときには，子どもの目を見て，語るように歌います。

・寝返りができる程度までのころ	・ハイハイができるようになるころ	・あんよができるようになるころ①

赤ちゃんをだっこして，ゆっくりと左右に揺らす。	保育者がひざを軽く曲げて座り，ひざに赤ちゃんを乗せて，上下に軽く揺する。	子どもをおんぶして，上下，左右にやさしく揺らす。

・あんよができるようになるころ②	・あんよができるようになるころ③	
		子どもを乗せたタオルケットの端を保育者2人で持ってむかい合って立ち，左右に揺らす。激しく揺らすと落下の危険があるので，注意します。
保育者が子どものわきのあたりをうしろから抱え，左右に揺らす。		

Lesson02 ●ふれ合い体操

くまさん　くまさん

わらべうた

くま さん　くま さん　まわれ み ぎ　くま さん　くま さん
りょう て を　つい て　くま さん　くま さん　かた あし
あげ て　くま さん　くま さん　さよ う な ら

①♪くまさん　くまさん　まわれみぎ

時計回りに，
１周回る。

②♪くまさん　くまさん　りょうてをついて

しゃがんで，
地面（床）に
両手をつける。

③♪くまさん　くまさん　かたあしあげて

どちらかの足
を上げて，片
足立ちする。

④♪くまさん　くまさん　さようなら

おじぎをする
ように，軽く
頭を下げる。

Part1 理論編

Part2 実践編

Part3 アイディア集

おんまはみんな

作詞：中山知子　アメリカ民謡

【座った姿勢で】

①♪おんまはみんな　ぱっぱかはしる…

保育者の太ももの上に子どもを乗せる。ひざを曲げ伸ばしして，子どもを上下に揺する。

②♪どうしてなのか…だけど

子どもをうしろから抱きしめ，左右に揺する。

Lesson02 ●ふれ合い体操

③ ♪おんまはみんな　…ぱっぱかはしる

①のくり返し。

④ ♪おもしろいね

子どもをうしろからギュッと抱きしめ，子どもと一緒に背中を床につけるまでゴロンと転がってから，元の姿勢に戻る。

【立った姿勢で】
① ♪おんまはみんな　ぱっぱかはしる…

子どもを背中におぶり，上下にトントンと揺らす。

② ♪どうしてなのか…だけど

次は，左右にゆっくりと揺らす。

③ ♪おんまはみんな　…ぱっぱかはしる

①のくり返し。

④ ♪おもしろいね

左右にゆっくりと揺らす。

Lesson 03 おすすめ絵本
——乳児の創造力を育むために

　子どもたちは，保育者に絵本を読んでもらうことが大好きです。1人ひとりに，1対1で絵本を読む機会をつくる努力をしたいものです。その一方で，1歳前後になると，クラスの子どもたちが揃ったときに，絵本の読み聞かせをするようになります。子どもたちから遠くに見える絵本が身近に感じられるよう，明るく大きな声で，1人ひとりにことばが届くように読みましょう。

『ばいばい』

かわいい動物たちが，順に「こんにちは」「ばいばい」とあいさつ。そのくり返しに，子どもたちは引き込まれる。

（まついのりこ　作・絵　偕成社　14×14cm）

『じゃあじゃあ　びりびり』

「じどうしゃ　ぶーぶーぶーぶー」…。日常生活でよく見かけるモノとそこから聞こえる音。リズミカルなことばが楽しい1冊。

（まついのりこ　作・絵　偕成社　14×14cm）

『まるくて　おいしいよ』

まるい形のシルエットに，「これなあに？」。ページをめくると，まるい形の食べものが現れて，とってもおいしそう。

（こにしえいこ　絵と文　福音館書店　20×19cm）

『いない　いない　ばあ』

お顔を隠して，「いない　いない…ばあ！」。くり返し読むうちに，「ばあ」を子どもも一緒に言ってくれるはず。1967年から読み継がれてきている絵本。

（松谷みよ子　文　瀬川康男　絵　童心社　21×18.6cm）

Lesson03 ●おすすめ絵本

このLessonでは，0歳から2歳の子どもを対象とした，おすすめの絵本を紹介します。ぜひ，書店や図書館で手に取って，読み聞かせをする自分を思い描いてみてください。また，実際に子どもの前で読む前に，声に出して読む練習をしてみるのもよいですね。

『だるまさんが』

「だるまさんが」…だるまさんが左右に揺れて，ページをめくると表情が変わり，「どてっ」。子どもが笑いのツボにはまる，笑いを誘う絵本。

（かがくいひろし　作　ブロンズ新社　17.5×17.5cm）

『でんしゃ』

きっと，電車好きの子どもをとりこにしてしまうはず。電車に乗っているお客さんまで，わかりやすく描かれている。

（バイロン・バートン　作・絵　こじままもる　訳　金の星社　16×19cm）

『くっついた』

「きんぎょさんと　きんぎょさんが」，ページをめくると，「くっついた」。あひるさん，ぞうさんと続き，最後の展開はお楽しみ。色合いも穏やかな絵本。

（三浦太郎　作　こぐま社　18×19cm）

『ノンタン　おしっこ　しーしー』

ご存知ノンタンシリーズ。おむつ替えをいやがって逃げる子どもと，「おしっこ」について話し合うきっかけをつくってくれる1冊。

（キヨノサチコ　作・絵　偕成社　17×16cm）

『おつきさまこんばんは』

子どもが夜空の月に気づくようになったら，ぜひ，読んであげたい絵本。基調となっている背景の藍色がなんとも美しく，おとなも引きつけられる。

（林明子　絵と文　福音館書店　18×19cm）

『おんなじ　おんなじ』

ぶうとぴょんは，はいている靴もかぶっている帽子も着ている服も，「おんなじ，おんなじ」。比べることが楽しくなる。1968年初版の人気の絵本。

（多田ヒロシ　作　こぐま社　22×18cm）

Column 09 絵本と出会う「ブックスタート運動」

❖ブックスタートとは

　赤ちゃんが絵本と出会うことをサポートする試みが，各地で行われています。ブックスタートと呼ばれる運動がそれで，0歳児健診の際，赤ちゃんと保護者に絵本を手渡しでプレゼントし，赤ちゃんだけでなく，保護者にもあらためて絵本の楽しさを知ってもらうことを意図して行われているものです。もともとはイギリスで1992年にはじまった運動が，2000（平成12）年の「子ども読書年」の折に日本に紹介されたもので，実施する市区町村の数は，年々増えています。2024（令和6）年8月31日現在で，全国1,741市区町村のうち1,115市区町村が実施しています（NPOブックスタートホームページ参照）。

　赤ちゃんとどう接したらよいかわからない保護者にとっては，絵本が赤ちゃんとふれ合うきっかけとなることを知る，貴重な機会となります。

❖地域の子育て支援の取り組みとして

　また，この絵本を手渡す機会自体が，地域の関係機関（保健所や図書館，子育て支援センターなど）の職員と関わるきっかけとなることも目的のひとつです。絵本を郵便などで送ることはせず，手渡しすることによって，直接の関わり合いがなされるよう工夫されています。そこには，赤ちゃんと保護者が地域から孤立しないようにとの願いが込められています。

　また，健診の会場で保護者同士が知り合い，仲間の輪が広がることも期待されています。子育ての悩みを語り合う場が得られれば，保護者のストレス発散の機会となります。健診の待ち合いスペースには，保護者同士をつなぐきっかけとなるよう，絵本が置かれています。

❖赤ちゃんに絵本は早い？

　「絵本をプレゼントするのはいいことだと思うけれど，赤ちゃんに絵本は早いのでは？」と考える人もいるかもしれません。でも，実際には，赤ちゃんは絵本を読んでもらうことが大好きです。

　確かに，まだ赤ちゃんが絵本に関心を示さない時期に，無理強いすることはよくありません。しかし，赤ちゃんが絵本をおもちゃのようにとらえ，その形状や材質に関心を示す

時期があります。絵本を持ってふってみたり，投げてみたり，なめてみることもありますが，やがて，そこに描かれている絵をじっと見つめるようになります。そうしたら，ひざの上に誘って，一緒に絵本をながめてみましょう。絵を見て，「これ，○○だね」などと話しながら，子どものペースに合わせてページをめくってみましょう。赤ちゃんが絵本に集中することや，そこに温かい関わり合いがもたらされることに気づくでしょう。

❖絵本はおとなの関わりがあってこそ

　絵本は，おとなとの関わりがなければ，赤ちゃんにとってはただのモノに過ぎません。おとなに読んでもらった経験を通して，絵本は赤ちゃんにとって意味のあるものになります。普段赤ちゃんにことばかけをする機会が少ないおとなでも，絵本によって，赤ちゃんにことばかけをする機会を得ることになります。さらに，絵本によっておとな自身も癒されることでしょう。

　このように，絵本にはさまざまな効果があります。「早く字が読めるように」という焦った思いからではなく，子どもの世界を豊かにする素材として理解したいものです。

　誰でも幼いころ，絵本の世界にワクワクしたはずです。絵本を手にとって，幼いころの思いを取り戻し，子どもたちとともに絵本を楽しみましょう。

【参考資料】　・ブックスタートホームページ　https://www.bookstart.or.jp/

Lesson 04 おすすめ乳児保育関連グッズ
――あると安心・便利なすぐれもの

　道具を使いこなせば生活が快適になりますが，使用方法を誤ると子どもたちに危険をもたらしてしまうことがあります。ベビーカーやラックなどでは，子どものからだの位置がずれていたら直し，ベルトを正確に装着しましょう。赤ちゃんグッズ売り場に行って，使用方法を試してみてもよいですね。

・A形ベビーカー

（写真提供：アップリカ）

㈶製品安全協会の基準で，生後1ヵ月を過ぎた赤ちゃんが寝た姿勢でも使用できるベビーカー。安定感がある。

・B形ベビーカー

（写真提供：アップリカ）

㈶製品安全協会の基準で，生後7ヵ月以降の赤ちゃんが座った姿勢で使用するベビーカー。軽量タイプで，持ち運びに便利。

・ラック

（写真提供：コンビ株式会社）

子どもが座った姿勢でも，寝た体勢でも使用できる。いずれの場合も，落下防止のため，ベルトの着用をする。室内用。

・お散歩車

（写真提供：株式会社Gakken SEED）

歩けるようになった子どもを立った姿勢で乗せる。散歩や避難のときに使用。移動中，回るタイヤに子どもが手を触れないよう，注意する。

Lesson04 ●おすすめ乳児保育関連グッズ

乳児保育を支える，機能的な道具の数々を紹介します。快適さや安全を追及したものや，知っておきたいものを選びました。複数の呼称が聞かれるものについては，一般的であると思われるものを採用したので，実際には，ほかの名称で呼ばれている場合もあります。

・誤飲チェッカー

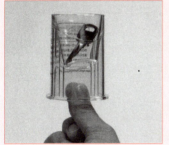

最大口径は約39mm，のどの奥までは約51mm（3歳児）に合わせて作成され，このなかに隠れるものは誤飲や窒息する危険がある。

（写真提供：社団法人日本家族計画協会，使い方等の詳細は同協会ホームページ参照。）

・乳幼児用歯ブラシ

歯のケアのため歯磨きは推奨したいが，歯ブラシでのどを突く事故が増えている。事故防止のため，工夫を施した歯ブラシの使用を促したい。

（写真提供：コンビ株式会社）

・おむつ交換台

腰に負担がかかりにくい高さで，おむつ交換が快適に行える。赤ちゃんが寝返りを打つようになったら，落下防止のため使用しない。

（写真提供：石崎家具株式会社）

・おしりふきあたため器

おむつ替えで便をふき取るときに，濡れふきんの冷たさで赤ちゃんが驚かないですむ。使い捨ての専用シートを常時保温しておける。

（写真提供：コンビ株式会社）

・おまる

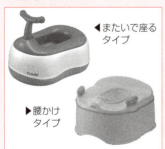

◀またいで座るタイプ

▶腰かけタイプ

「おむつはずれ」の時期に使用。またいで座るタイプと，腰かけるタイプとがある。保育室で用いることができる。

（写真提供：上：コンビ株式会社／下：株式会社リッチェル）

・補助便座

おとなが用いる洋式トイレの便座に乗せて使用するので，便の処理に面倒がなく，便利。便座への上がり降りにはおとなが手を貸して見守る。

（写真提供：株式会社リッチェル）

Part1 理論編

Part2 実践編

Part3 アイディア集

「Part3　アイディア集」をより深く学ぶためのおすすめの本

Lesson01
・小西行郎・小西薫『赤ちゃんの遊びBOOK』海竜社，2006

Lesson02
・乳幼児教育研究所（編）『０歳児のあそびアイデア集』チャイルド本社，2007
・乳幼児教育研究所（編）『１歳児のあそびアイデア集』チャイルド本社，2007
・乳幼児教育研究所（編）『２歳児のあそびアイデア集』チャイルド本社，2007

Lesson03
・さわださちこ（監修）『赤ちゃんからの絵本ガイド』主婦の友社，2007

Index
さくいん

あ

ICT　101，175
愛　着　63，64，65，66
愛着関係　109
アドルフ・ポルトマン　58
安全管理　160，164
安全基地　64

い

育児・介護休業法　22，30
育児休業　30
育児休業，介護休業等育児又は家族介護を行う労働者の福祉に関する法律　30
育児記録　174
一語文　69
一時預かり事業　12
いない　いない　ばあ　136，184
医務室　26

う

歌遊び　184，187
乳　母　6
運動機能　26，76
運動発達　49，77

え

衛生管理　138，156
M字型カーブ　2
M字型曲線　2
嚥下反射　146
延長保育　87
延長保育事業　12

お

大阪市立乳児院　7
おむつ替え　138，164，197，201
おむつはずれ　141，201
おもちゃ　74
おんぶ　130，167

か

外国籍の保護者　106，107，110，114
改　善　39
課　業　92
可塑性　61
家庭的保育　11，13
家庭との緊密な連携　39，44
紙おむつ　140
環境設定　94
環境を通して行う保育　39
感染症　156，157，160，178
感染対策　100

き

基本的生活活動　92
基本的な生活習慣　92，96
虐　待　15，23，33，107
吸啜反射　80，146
教　育　36，44
教育基本法　34
協調運動　148
共鳴動作　71
居宅訪問型保育　11，13

く

クーイング　64，68
クラスター　100

け

月齢差　94
言　語　60
言語発達　77
原始反射　62，80，146
研　修　41

こ

構　音　69
構音器官　70
個人差　77，94，141
子ども・子育て支援新制度　11，12，18，23，33
こども基本法　22，27
個別的な計画　46，93
子守学級・子守学校　6

さ

災害避難　130，167
里　親　15
三項関係　69
産後うつ病　109
3歳児神話　4

し

自　我　159
時間差出勤　87
事業所内保育　11，13
自己研鑽　41
自己主張　158
仕事・子育て両立支援　12
自己評価　40
資質向上　89
実　習　100，104
指導計画　40，46，93
児童相談所　33，107，109

203

児童福祉施設　7，14，18，23，44

児童福祉施設の設備及び運営に関する基準　22，24，32，86，94

児童福祉法　7，14，18，22

社会的微笑　62

ジャルゴン　69

宗　教　114，115

授　乳　142

授乳・離乳の支援ガイド　147

守秘義務　109，174，175

小規模保育　11，13

食　育　36，146

食物アレルギー　115，148，150，166

人工乳　79，142，146

身体的虐待　108，161

信頼関係　5，64，71，110，114，116，176

心理的虐待　108

す

随意運動　80

巣立つもの　59

巣に座っているもの　59

せ

生育歴　93，110

清　拭　155

精神発達　77

性的虐待　108

生理的早産　60

生理的微笑　62

専門性　40，89，174，175

そ

相互交渉　62，63，64，71

粗大運動　81，82

た

第一質問期　70

待機児童　9，10，26

待機児童問題　8，11，16

体内時間　84

体内時計　84

第二質問期　70

他者理解　107

だっこ　128

たて抱き　129

多様化する保育　89

探索行動　64

探索反射　146

男女共同参画　2

男女共同参画社会基本法　2

担当制　94，95

ち

地域型保育　11，13

地域型保育給付費　12

地域型保育事業　10，33

地域子ども・子育て支援事業　12

調　音　69

調　乳　142

直立姿勢　60

つ

通　告　109

て

手遊び　187

手洗い　100

低出生体重児　109

デイリープログラム　92

と

トイレ環境　141

洞察力ある行為　60

同僚性　89，90

な

喃　語　51，64，68

に

二語発話　70

日課表　92

乳児院　14，23

乳幼児突然死症候群（SIDS）160

乳幼児の保育の必要性　7

認可外保育施設　12，33

認可外保育所　26

認可保育所　18，26

人数確認　168

認知の発達　71

認定こども園　10，11，12，16，23，25

認定こども園法　16，20

ぬ

布おむつ　138

ね

ネグレクト　15，108

は

把握反射　62，80

パーセンタイル曲線　77，78

パーセンタイル値　77

排気（げっぷ）　144，145

排　泄　49，138

排泄の自立　141

発　育　76

発育状態　77

発達障害　116

ひ

被虐待児　107，109

微細運動　81，83

人見知り　63

評　価　39，77

ふ

ファミリー・サポート・センター事業　12
複数担任制　86
ブックスタート　198
ふれ合い体操　190
文章構成期　70

ほ

保育課程　39
保育教諭　20，24，34
保育計画　86，93
保育士配置基準　94
保育者の専門性　15，100，174，175
保育所保育指針　32，42，48，93
保育所保育指針解説　43，45，54，89
保育所保育指針中央説明会資料　162
保育に欠ける　7，23
保育の計画　39，93
保育の質　89
保育の内容　18，33，34，36，42，44，52，93
保育ママ　13
保育を必要とする　23，25
保育を必要とする事由　23
歩行反射　80

保護者との連携　106，116，158
保護者の多様性　114
捕捉反射　146
哺　乳　144
母　乳　7，79，143，146
哺乳反射　146
ほふく室　26

む

無意味音声　68

も

沐　浴　152
ものの永続性　65
もらい乳　6
モロー反射　80

ゆ

揺さぶられ症候群（SBS）　161
指差し　69
揺れ戻り　137

よ

養　護　36，44
養護と教育　39
養護と教育の一体性　39
幼児食　146
幼稚園型認定こども園　10，12，18
幼稚園教育要領　18，33，42，48

幼保一元化　17
幼保一体化　18
幼保連携型認定こども園　11，12，18，23，36
幼保連携型認定こども園教育・保育要領　18，33，42，48
よこ抱き　128
読み聞かせ　196
与薬依頼票　162

り

離　乳　50，146
離乳食　146
療　育　117

れ

冷凍母乳　143
連　携　25，33，44，46，86，106，116，158
連絡帳　87，162，172，174，176，177
連絡票　162

ろ

労働基準法　29

わ

ワーク・ライフ・バランス　5，120
わらべうた　93，185

初版まえがき

　本書は，保育士を目指している方々を念頭においてつくられた，乳児保育について学ぶためのテキストです。乳児期の子どもたちの保育を担当するために知っておくべき内容を厳選するとともに，レイアウトやイラストを工夫して，よりわかりやすく伝えることをめざしました。読み手に初学者を想定し，難解な語句を避けるように配慮したことも大きな特徴の１つです。

　本書は，「理論編」「実践編」「アイディア集」「ワークシート」の各部分から構成され，１つひとつのテーマが簡潔にまとめられています。少し息抜きになるような「コラム」もあります。どこからでも読みすすめられますので，気軽に手にとって，すみずみまで活用してください。

　「ワークシート」には，書いて覚える穴埋め課題と，連絡帳を書く模擬体験ができる課題とが含まれています。「ワークシート」は，授業担当の先生の指示に基づいて，提出するなどの活用方法もあるでしょう。

　「乳児」は，児童福祉法において「満１歳に満たない者」と定義され，一般的にもいわゆる０歳児のことを指しているようです。ですが，本書では，０歳児のみならず，１歳児と２歳児についても視野に入れて内容を構成しました。つまり，３歳未満児を「乳児」としてとらえ，その保育に求められる知識や技術を盛り込みました。

　こうした背景もあって，本書では，状況に応じて「赤ちゃん」「乳児」「子ども」が混在して使われています。無理に統一することはしませんでした。一方，保育を担当する者の呼称は，原則として「保育者」を用いています。ただし，法律等を引用して国家資格としての「保育士」について論じる場合は，「保育士」を用いるものとしました。保育が行われる場については，「保育園」ではなく法的に正式な呼称である「保育所」を用いましたが，「園の先生方が…」というような表現については，慣例となっていることから省きませんでした。

＊＊＊＊＊＊＊

　本書の編集作業が終わった今，この本づくりの過程でたくさんの方々のお力添えがあったことをふり返っています。

　執筆陣の皆さんは「わかりやすくて読みやすいテキストを」という主旨のもと，思いを１つにして，ともに進んでくださいました。

　イラストレーターの加藤直美さんと岡田千晶さんは心温まるイラストによって，私たち執筆者の思いを形にしてくださいました。

　なでしこ保育園の先生方には，本書での掲載写真についてご理解をいただきました。同園において，長年，私が保育の参加観察をさせていただいていることも含め，門倉文子園長先生や園の先生方にお礼を申し上げます。

　そして，㈱同文書院の緒方希さんをはじめ，本書のためにご協力くださいましたすべての皆さまに心から感謝いたします。

平成21年２月28日
編著者　志村 聡子

第二版まえがき（抜粋）

　本書を最初に出版した時には，乳児保育が行われる場所として主に保育所を念頭に置いていましたが，近年増設されている認定こども園も，視野に入れて学ぶ必要があります。こうした事情に鑑み，適宜認定こども園への言及を盛り込んでいます。ですが，保育所について論じるところをすべて「保育所・認定こども園」あるいは「保育所等」などと置き換えることはいたしませんでした。本書で保育所と示している場合でも，乳児を受け入れて保育する認定こども園やその他の場所にも当てはまる場合があります。本書を活用する皆さんには，こうした点をお汲み取りいただきたいと考えています。

　新制度において，幼保連携型認定こども園で保育を行う職員の職名は，保育教諭と称することが示されました。本書で用いる「保育者」は，保育士や保育教諭も含んだ立場として適宜理解していただきたく，これについてもよろしくお願いいたします。

　そのほか，執筆ご担当の先生方のご協力により，必要と思われる新たな情報を盛り込むなどして，時代の変化に対応いたしました。小さな子どもたちの育ちを支えるために，本書が学生の皆さんの学びの一歩として，一層活用していただけるよう願っています。

　（株）同文書院の坂野直義さんをはじめ，本書のためにご協力くださいました皆さまに，心から御礼申し上げます。

平成30年 2 月 1 日

編著者　志村 聡子

第三版まえがき（抜粋）

　第二版の改訂では，2015（平成27）年 4 月から実施となった「子ども・子育て支援新制度」や，2017（平成29）年 3 月改訂のいわゆる 3 法令（保育所保育指針，幼稚園教育要領，幼保連携型認定こども園教育・保育要領）について対応いたしました。本書を最初に出版した時よりもいっそう，乳児保育の場で過ごす子どもたちの数は増加しています。こうした状況をふまえ，第三版では細部にわたって改訂をいたしました。新型コロナウイルス感染症の流行をめぐる保育現場での配慮や，ICT，アレルギー対応，保育の質向上をめぐって注目されている用語，安全管理など，各所に新たな内容が加わりました。著者の先生方のお力添えに，感謝申し上げます。

　小さな子どもたちの育ちを支えるために，本書が学生の皆さんの学びの一助となるよう願っています。

　（株）同文書院の志水邦朗さん，前田信子さんをはじめ，本書のためにご協力くださいましたすべての皆さまに，心から御礼申し上げます。

令和 4 年 2 月 1 日

編著者　志村 聡子

はじめて学ぶ　乳児保育

2009年 4 月 1 日	第一版第 1 刷発行
2017年 4 月 1 日	第一版第10刷発行
2018年 3 月31日	第二版第 1 刷発行
2021年 3 月 1 日	第二版第 3 刷発行
2022年 3 月 1 日	第三版第 1 刷発行
2025年 4 月 1 日	第四版第 1 刷発行

編著者　志村聡子
著　者　塩崎美穂・藤枝充子
　　　　渡邊美智子・坂田知子
　　　　柳井郁子・小栁康子・宇都弘美
装　丁　清原一隆（KIYO DESIGN）
装　画　岡田千晶
挿　画　加藤直美
制作協力　株式会社マップス

発行者　宇野文博
発行所　株式会社同文書院
　　　　〒112-0002
　　　　東京都文京区小石川5-24-3
　　　　TEL(03)3812-7777
　　　　FAX(03)3812-7792
　　　　振替　00100-4-1316
印刷・製本　株式会社光邦

JASRAC　出2409869-401(紙)
JASRAC　許諾第9040691001Y43030号(電子)
©Akiko Shimura et al., 2009
Printed in Japan　ISBN978-4-8103-1528-8
●落丁・乱丁本はお取り替えいたします

切りとり線

ワークシート①　『児童福祉法／児童福祉施設の設備及び運営に関する基準／子ども基本法』

記入日：　　　年　　月　　日　　　　　クラス　　　　番号　　　　　氏名

○児童福祉法

第1条　全て児童は，児童の（　　　　　　　）に関する条約の（　　　　　　）にのつとり，（　　　　　　　　　）される
こと，その（　　　　　　）を保障されること，愛され，（　　　　　　　）されること，その心身の健やかな成長及び（　　　　　　）
並びにその（　　　　　　）が図られることその他の（　　　　　　）を等しく保障される（　　　　）を有する。

第18条の4　この法律で，（　　　　　　　　）とは，第18条の18第1項の登録を受け，保育士の名称を用いて，
（　　　　　　　　　）及び（　　　　　）をもつて，（　　　　　　　　　　）及び児童の（　　　　　　　）に対す
る保育に関する（　　　　　）を行うことを業とする者をいう。

第39条　保育所は，（　　　　　　　　　　　　　　　）乳児・幼児を日々（　　　　　　　　）の下から通わせて
（　　　　　）を行うことを目的とする施設（…中略…）とする。

○児童福祉施設の設備及び運営に関する基準

第33条第2項　保育士の数は，（　　　　　　）おおむね（　　　　　）人につき1人以上，満（　　　）歳以上満（　　　　）歳に
満たない（　　　　）おおむね（　　　）人につき1人以上，満（　　　　）歳以上満（　　　）歳に満たない（　　　　　）
おおむね（　　　　）人につき1人以上，満（　　　）歳以上の幼児おおむね（　　　　）人につき1人以上とする。ただし，
保育所1につき2人を下ることはできない。

○こども基本法

第1条　この法律は，（　　　　　　　　　）及び（　　　　　　　　　　　　　　　　　　　）の精神にの
っとり，次代の社会を担う全てのこどもが，生涯にわたる（　　　　　　　　　　　　　）を築き，（　　　　　）した個人と
して（　　　　　　　　　　　　　）に成長することができ，心身の状況，置かれている（　　　　　）等にかかわらず，そ
の（　　　　　　　　　　）が図られ，将来にわたって（　　　　　　　　　）を送ることができる社会の実現を目指して，
社会全体としてこども施策に取り組むことができるよう，（　　　　　　　　　　）に関し，（　　　　　　　　）を定め，国の
（　　　　　）等を明らかにし，及びこども施策の基本となる事項を定めるとともに，（　　　　　　　　　　　　　　　　）
を設置すること等により，こども施策を総合的に推進することを目的とする。

ワークシート②　『保育所保育指針』〈平成29年告示〉　第2章　保育の内容

記入日：　　　年　　月　　日　　　　　クラス　　　　番号　　　　　氏名

1　乳児保育に関わるねらい及び内容 ＞⑴　基本的事項

ア　乳児期の（　　　　　）については，（　　　　　），（　　　　　）などの感覚や，（　　　　　），

（　　　　　），（　　　　　）などの（　　　　　　　　　）が著しく発達し，（　　　　　　　　　）との

（　　　　　　　　　　　　）を通じて，（　　　　　　　　　）が形成されるといった（　　　　）がある。

これらの発達の特徴を踏まえて，乳児保育は，（　　　　　　　　）に，（　　　　　　　　）に行われることが特に必要で

ある。

イ　本項においては，この時期の発達の特徴を踏まえ，乳児保育の「ねらい」及び「内容」については，

（　　　　　）発達に関する視点「（　　　　　　）に（　　　　　　　　　）と育つ）」，

（　　　　　）発達に関する視点「身近な（　　　　　）と（　　　　　　）が（　　　　　　　　）」及び

（　　　　　）発達に関する視点「身近な（　　　　　）と関わり（　　　　　）が育つ」としてまとめ，示している。

ウ　本項の各視点において示す保育の内容は，第1章の2に示された（　　　　　）における

「（　　　　　　　　）」及び「（　　　　　　　　　）」に関わる保育の内容と，（　　　　　）となって

（　　　　　）されるものであることに留意が必要である。

1　乳児保育に関わるねらい及び内容 ＞⑵　ねらい及び内容 ＞ ア　健やかに伸び伸びと育つ

健康な（　　　　　　　）を育て，自ら（　　　　　）で（　　　　　）な生活をつくり出す力の（　　　　）を培う。

㋐　ねらい

①　（　　　　　　　　）が育ち，（　　　　　　　　）に（　　　　　　　　）を感じる。

②　（　　　　　　　　）と（　　　）を動かし，（　　　　），（　　　　　）などの（　　　　　）をしようとする。

③　（　　　　），（　　　　　）等の生活の（　　　　　　）の（　　　　）が芽生える。

㋑　内容

①　保育士等の（　　　　　　　　）な（　　　　　）の下で，（　　　　　）・（　　　　　）欲求を満たし，

（　　　　　　　　）生活をする。

②　一人一人の（　　　　）に応じて，（　　　　），（　　　　　），（　　　　　）など，十分に

（　　　）を動かす。

③　個人差に応じて（　　　　）を行い，（　　　　　）を進めていく中で，（　　　　　　　　　）に少しずつ慣

れ，（　　　　　）ことを楽しむ。

④　一人一人の（　　　　　　　　　）に応じて，（　　　　　）な環境の下で十分に（　　　　　）をする。

⑤　（　　　　　　　　）や（　　　　　　　　）などを通じて，（　　　　　）になることの

（　　　　　　）を感じる。

ワークシート③ 『保育所保育指針』〈平成29年告示〉第2章　保育の内容

記入日：　　　年　　月　　日　　　　クラス　　　　　　番号　　　　　　氏名

1　乳児保育に関わるねらい及び内容 ＞ ⑵　ねらい及び内容 ＞ イ　身近な人と気持ちが通じ合う

（　　　　　　）・（　　　　　　　）な関わりの下で，何かを（　　　　　　　）とする（　　　　　）や身近な

大人との（　　　　　　　）を育て，人と（　　　　　　）力の（　　　　　）を培う。

㋐　ねらい

①　（　　　　　）できる（　　　　　）の下で，身近な人と（　　　　　　　　　）喜びを感じる。

②　体の動きや（　　　　），（　　　　　）等により，保育士等と気持ちを（　　　　　　　　）とする。

③　（　　　　　　　）と親しみ，（　　　　　　）を深め，（　　　　　）や（　　　　　　　）が芽生える。

㋑　内容

①　子どもからの（　　　　　　　　）を踏まえた，（　　　　　）な（　　　　　　　）や

（　　　　　　　）によって，（　　　　）が満たされ，（　　　　　　　）をもって過ごす。

②　（　　　　　　　）や（　　　　），（　　　　），（　　　　　）等を優しく

（　　　　　　　）もらい，保育士等との（　　　　　　　）を楽しむ。

③　（　　　　）や（　　　　　）の中で，自分の（　　　　　　）の（　　　　　）に気付き，

（　　　　　　）の気持ちを表す。

④　保育士等による（　　　　　　　）や（　　　　　　　），（　　　　　）や（　　　　　）等への

（　　　　　）を通じて，言葉の（　　　　　）や発語の（　　　　　）が育つ。

⑤　（　　　　　），（　　　　　　　）な関わりを通じて，自分を（　　　　　）する気持ちが芽生える。

㋒　内容の取扱い

上記の取扱いに当たっては，次の事項に留意する必要がある。

①　保育士等との（　　　　　　　　）に支えられて生活を（　　　　）していくことが人と関わる

（　　　　　）となることを考慮して，子どもの（　　　　　　　）を受け止め，（　　　　　　）受容的・

（　　　　　　）に関わり，（　　　　　　　　　　　　）適切な援助を行うようにすること。

②　身近な人に（　　　　　）をもって接し，自分の（　　　　）などを表し，それに相手が（　　　　）する

（　　　　　）を聞くことを通して，次第に言葉が（　　　　）されていくことを考慮して，

（　　　　　　　　）の中での保育士等との（　　　　　　　　）を大切にし，（　　　　　　）

と優しく（　　　　　　　）など，積極的に言葉の（　　　　　　　）を楽しむことができるようにする

こと。

ワークシート④ 『保育所保育指針』〈平成29年告示〉 第2章 保育の内容

記入日：　　　年　　月　　日　　　　　クラス　　　　番号　　　　氏名

1 乳児保育に関わるねらい及び内容 ＞ ⑵ ねらい及び内容 ＞ ウ 身近なものと関わり感性が育つ

（　　　　　　　　　　）に（　　　　　）や（　　　　　　　）をもって関わり，感じたことや考えたことを
（　　　　　）する力の（　　　　　）を培う。

㋐ ねらい

①　（　　　　　　　　　）のものに親しみ，（　　　　　　　　　　）に興味や関心をもつ。

②　見る，（　　　　　　），（　　　　　）するなど，身近な環境に（　　　　　　　）関わろうとする。

③　（　　　　　　　　　　）による（　　　　　）が豊かになり，（　　　　）や（　　　　　），
　　（　　　　　　　　　）等で表現する。

㋑ 内容

①　身近な（　　　　　　　　），（　　　　　　）や（　　　　　）などが用意された中で，身の回りのものに対する
　　（　　　　　）や（　　　　　　）をもつ。

②　生活や遊びの中で様々なものに（　　　　），（　　　），（　　　），（　　　），（　　　　　　）などに気付き，
　　（　　　　　　　　　）を豊かにする。

③　保育士等と一緒に様々な（　　　　　）や（　　　）のものや（　　　　）などを見る。

④　（　　　　　）や身の回りのものを，（　　　　　），（　　　　　　），（　　　　　　），
　　（　　　　　　　）など，手や（　　　）を使って遊ぶ。

⑤　保育士等の（　　　　　　　　　）に（　　　　　）よく応じたり，（　　　）や
　　（　　　　　　）に合わせて手足や（　　　）を動かして楽しんだりする。

1 乳児保育に関わるねらい及び内容 ＞ ⑶ 保育の実施に関わる配慮事項

ア　乳児は（　　　　　）への（　　　　　　　　）が弱く，心身の機能の（　　　　　　）に伴う疾病の発生が多いこと
　　から，一人一人の（　　　　）及び（　　　　　　　）や（　　　　　　　）についての適切な判断に基づく
　　（　　　　　　　　　）を行うこと。

イ　一人一人の子どもの（　　　　　　）の違いに留意しつつ，（　　　　）を適切に満たし，
　　（　　　　　　　　）が（　　　　　　）に関わるように努めること。

ウ　乳児保育に関わる職員間の連携や（　　　　　　）との連携を図り，第3章に示す事項を踏まえ，適切に対応するこ
　　と。（　　　　）及び看護師等が配置されている場合は，その（　　　　　　）を生かした対応を図ること。

エ　（　　　　）との（　　　　　　）を築きながら保育を進めるとともに，保護者からの
　　（　　　　）に応じ，保護者への（　　　　　）に努めていくこと。

オ　担当の保育士が替わる場合には，子どものそれまでの（　　　　　　　）や（　　　　　　　　）に留意し，職員間
　　で（　　　　）して対応すること。

ワークシート⑤　『保育所保育指針』〈平成29年告示〉第2章　保育の内容

記入日：　　　年　　月　　日　　　　　クラス　　　　番号　　　　氏名

2　1歳以上3歳未満児の保育に関わるねらい及び内容 ＞(1)　基本的事項

ア　この時期においては，（　　　　　　　　　　）から，歩く，走る，（　　　　　　　）などへと，基本的な運動機能が次第に

発達し，（　　　　　　　　　　）のための（　　　　　　　　　　　）も整うようになる。（　　　　　　），

（　　　　　　　）などの（　　　　　　　）の機能も発達し，（　　　　），（　　　　　　　　　）なども，保育士

等の（　　　　　　　）の下で自分で行うようになる。（　　　　）も（　　　　　　）になり，（　　　　　　）も増加し，自

分の（　　　　　　）や（　　　　　　）を言葉で（　　　　　　　）できるようになる。このように自分でできることが増えて

くる時期であることから，保育士等は，子どもの生活の（　　　　　　）を図りながら，自分でしようとする気持ちを

（　　　　　　）し，温かく（　　　　　　　）とともに，愛情豊かに，（　　　　　　　）に関わることが必要である。

イ　本項においては，この時期の発達の特徴を踏まえ，保育の「ねらい」及び「内容」について，（　　　　　　）の健康に

関する領域「（　　　　　）」，人との（　　　　　　　　）に関する領域「（　　　　　　　）」，（　　　　　）な環境

との関わりに関する領域「（　　　　　）」，言葉の（　　　　　　）に関する領域「（　　　　　）」及び（　　　　　）と

表現に関する領域「（　　　　　）」としてまとめ，示している。

ウ　本項の各領域において示す保育の内容は，第1章の2に示された養護における「（　　　　　　　　　　）」及び

「（　　　　　　　　　）」に関わる保育の内容と，一体となって展開されるものであることに留意が必要である。

2　1歳以上3歳未満児の保育に関わるねらい及び内容 ＞(2)　ねらい及び内容 ＞ ア　健康

（　　　　　）な（　　　　　）と（　　　　）を育て，自ら健康で（　　　　　）な（　　　　　）をつくり出す力を養う。

(ア) ねらい

①　（　　　　　　　）（　　　　　　　　　）と生活し，自分から（　　　）を動かすことを楽しむ。

②　自分の（　　　）を十分に動かし，（　　　　　　　　　　）をしようとする。

③　健康，（　　　　）な生活に必要な（　　　　　）に気付き，自分でしてみようとする気持ちが育つ。

(イ) 内容

①　保育士等の愛情豊かな（　　　　　）の下で，（　　　　　　）をもって生活をする。

②　（　　　　　）や（　　　　），（　　　　　）と（　　　　）など，保育所における

（　　　　　　　　　　　）が形成される。

③　走る，跳ぶ，（　　　　），（　　　　），（　　　　　　　）など（　　　　　）を使う遊びを楽しむ。

④　様々な（　　　　　）や（　　　　　　）に慣れ，ゆったりとした（　　　　　　）の中で（　　　　）

や（　　　　）を楽しむ。

⑤　身の回りを（　　　　）に保つ（　　　　　　）を感じ，その（　　　　）が少しずつ身に付く。

⑥　保育士等の助けを（　　　）ながら，（　　　　　　　）を自分でしようとする。

⑦　便器での（　　　　）に慣れ，自分で排泄ができるようになる。

ワークシート⑥ 『保育所保育指針』〈平成29年告示〉第2章 保育の内容

記入日： 年 月 日 クラス 番号 氏名

2 1歳以上3歳未満児の保育に関わるねらい及び内容 ＞⑵ ねらい及び内容 ＞イ 人間関係

他の人々と（ ），（ ）生活するために，（ ）を育て，

（ ）力を養う。

㋐ ねらい

① 保育所での生活を（ ），身近な人と関わる（ ）を感じる。

② 周囲の（ ）等への（ ）や（ ）が高まり，関わりをもとうとする。

③ 保育所の生活の（ ）に慣れ，（ ）の大切さに気付く。

㋑ 内容

① 保育士等や周囲の子ども等との（ ）関係の中で，（ ）心地よさを感じる。

② 保育士等の受容的・（ ）な関わりの中で，欲求を適切に満たし，（ ）をもって過ごす。

③ 身の回りに（ ）人がいることに気付き，徐々に（ ）と関わりをもって遊ぶ。

④ 保育士等の（ ）により，他の子どもとの（ ）を少しずつ身につける。

⑤ 保育所の（ ）の仕方に（ ），（ ）があることや，その大切さに気付く。

⑥ 生活や遊びの中で，（ ）や保育士等の（ ）をしたり，（ ）を楽しんだりする。

2 1歳以上3歳未満児の保育に関わるねらい及び内容 ＞⑵ ねらい及び内容 ＞ウ 環境

（ ）の様々な（ ）に（ ）や（ ）をもって関わり，それらを生活に

（ ）いこうとする力を養う。

㋐ ねらい

① 身近な環境に（ ），（ ）中で，（ ）に興味や関心をもつ。

② 様々なものに関わる中で，（ ）を楽しんだり，（ ）たりしようとする。

③ （ ），（ ），（ ）などの経験を通して，（ ）を豊かにする。

㋑ 内容

① 安全で（ ）しやすい環境での（ ）等を通して，（ ），（ ），

（ ），（ ），（ ）などの（ ）を豊かにする。

② （ ），（ ），（ ）などに興味をもち，それらを使った（ ）を楽しむ。

③ 身の回りの物に触れる中で，（ ），（ ），（ ），（ ）などの物の（ ）や

（ ）に気付く。

④ 自分の物と（ ）の物の（ ）や，（ ）感覚など，環境を（ ）感覚が育つ。

⑤ 身近な（ ）に気付き，親しみをもつ。

⑥ （ ）の生活や（ ）などに興味や関心をもつ。

ワークシート⑦　『保育所保育指針』〈平成29年告示〉第2章　保育の内容

記入日：　　　年　　月　　日　　　　　クラス　　　　　番号　　　　　氏名

2　1歳以上3歳未満児の保育に関わるねらい及び内容 ＞ ⑵　ねらい及び内容 ＞ エ　言葉

（　　　　　）したことや（　　　　　　　）ことなどを自分なりの（　　　　）で表現し，（　　　　　）の話す言葉を聞こうとする（　　　　）や（　　　　　）を育て，言葉に対する（　　　　　）や言葉で（　　　　）する力を養う。

㈠　ねらい

①　（　　　　　　　　）や言葉で（　　　　）する楽しさを感じる。

②　人の言葉や（　　　）などを聞き，自分でも（　　　　　　　　）を伝えようとする。

③　（　　　　）や（　　　　）等に親しむとともに，言葉の（　　　　　　）を通じて身近な人と
　　（　　　　　）を（　　　　　　）。

㈡　内容

①　保育士等の（　　　　　　）な関わりや（　　　　　　　）により，（　　　　）言葉を使おうとする。

②　生活に（　　　　）な（　　　　）な言葉に気付き，（　　　　　　　　　）。

③　親しみをもって日常の（　　　　）に応じる。

④　（　　　　）や（　　　　　　）を楽しみ，簡単な言葉を繰り返したり，（　　　　）をしたりして遊ぶ。

⑤　保育士等と（　　　　　　　）をする中で，言葉の（　　　　　　）を楽しむ。

⑥　保育士等を（　　　　）として，生活や遊びの中で（　　　　）との言葉のやり取りを楽しむ。

⑦　保育士等や友達の（　　　　）や（　　　）に興味や関心をもって，聞いたり，（　　　　　　　　）する。

2　1歳以上3歳未満児の保育に関わるねらい及び内容 ＞ ⑵　ねらい及び内容 ＞ オ　表現

（　　　　　　　）ことや（　　　　　　　）ことを自分なりに（　　　　）することを通して，豊かな（　　　　）や表現する力を養い，（　　　　）を豊かにする。

㈠　ねらい

①　身体の（　　　　　　）の（　　　　　）を豊かにし，様々な感覚を（　　　　　）。

②　（　　　　　　　　）や（　　　　　　　　）などを（　　　　　　　　）に表現しようとする。

③　生活や遊びの様々な（　　　　）を通して，（　　　　　　　）や（　　　　）が豊かになる。

㈡　内容

①　（　　），（　　），（　　　　），（　　　），（　　　　）など様々な（　　　　）に触れて楽しむ。

②　（　　　　　　），（　　　　　　）やそれに合わせた体の（　　　　）を楽しむ。

③　生活の中で様々な音，形，色，（　　　　　　），動き，味，（　　　　　）などに気付いたり，感じたりして楽しむ。

④　（　　）を歌ったり，簡単な（　　　　　　）や（　　　）を使う遊びを楽しんだりする。

⑤　保育士等からの話や，生活や遊びの中での（　　　　　）を通して，（　　　　　　　）を豊かにする。

⑥　生活や遊びの中で，（　　　　）のあることや（　　　　）したことなどを自分なりに（　　　　　）する。

ワークシート⑧ 『連絡帳を書いてみよう』

記入日：　　　年　　月　　日　　　　　クラス　　　　番号　　　　氏名

※この連絡帳は，Part 2 実践編　Lesson12「連絡帳の書き方」に掲載している連絡帳と同じものです。Lessonの中でも触れているように，「命令口調ではなく」「楽しかったできごとを入れて」「質問には応えながら」という３つのポイントに気をつけながら，「（園から）」の欄を，あなたのことばで書いてみましょう。また，保育所で過ごす午前９：00から午後６：00までの流れについて，とくに，「食事の時間」「睡眠時間」「大便の時間」を書き込んでみましょう。連絡帳を通して，保護者と保育者は子どもの生活の流れが確認できます。

| 9 月 10 日 （火 ） | | | 体温 | 36.9 | 機嫌 | よ い |

| 午後 夕食 軟 M200cc 午前 朝食 M150cc | 6：00 7：00 8：00 9：00 10：00 11：00 0：00 1：00 2：00 3：00 4：00 5：00 6：00 7：00 8：00 9：00 10：00 11：00 12：00 1：00 2：00 3：00 4：00 5：00 6：00 | 夕食 | ・ご飯 ・お豆腐とだいこんの味噌汁 ・さんま | 朝食 | ・パン ・コーンスープ ・バナナ |

（家庭から）

昨日の夜、たかしは なぜか夜泣きをし、久しぶりに おっぱいを飲んで眠りました。なにか園で興奮するようなことはありましたか？夕飯ではご機嫌で、さんまをほぐしてご飯にのせると喜んで食べ、途中から おなかがいっぱいになったらしく、お味噌汁の具を手でぐちゃぐちゃとしたり、汁でがらがらうがいの真似をしたり、楽しそうではありました。
朝も、大好きな バナナを とくに よく食べています。

（園から）

MOOcc…ミルクの量　　⧄…睡眠時間　　●…大便の時間